꿈을 이루는 사람의 아침

꿈을 이루는 사람의 아침

김호영 지음

변화를 탐구하고, 변화에 대응하며, 변화를 기회로 이용하는
창조적 파괴자들을 위한 자기경영 실천노트!

W미디어

| 머리말 |

당신은 꿈을 꾸는 사람입니까, 꿈을 이루는 사람입니까?

누구든 그 앞에는 과거, 현재, 미래라는 세 가지 시제(時制)가 있습니다. 그런데 각각의 시제가 우리에게 주는 의미와 역할을 분명하게 이해하고 활용하는 것은 대단히 중요한 일입니다.

과거의 의미는 무엇입니까? 과거를 통하여 우리는 교훈을 얻습니다. 그리고 미래가 있기에 우리는 과거의 삶이 어떠하든 멋지게 설계할 수 있습니다. 그것으로 끝나서는 안 됩니다. 그 멋진 미래가 자신의 것이 되기 위해서는 현재 행동하고 집중하는 것이 필요합니다.

그러므로 당신이 행복하고 성공적인 삶을 원한다면 세 가지 시제를 적절하게 잘 활용할 줄 알아야 하되, 현재를 가장 중요하게 생각하는 자세가 필요합니다. 당신이 스스로 통제할 수 있는 시제는 오로지 현재밖에 없기 때문입니다. 그래서 현재(present)를 가리켜 선물(present)이라고 하는 것입니다.

성공하는 사람들이 갖는 독특한 특성이 있습니다. 그들은 대부분 미래를 생각하면서 현재 자신의 행동을 결정합니다. 반면에, 실패하거나 혹은 보통의 사람들은 현재 자신의 형편없는 행동을 바라보면서 미래 자신의 모습을 결정해버린다는 것입니다. 무슨 얘깁니까? 성공하는 사람들은 현재를 가장 잘 활용할 줄 아는 사람들이란 말입니다.

소망을 갖는다는 것은 대단히 중요한 일이나, 그 소망이 굳은 믿음에 근거한 행함이 동반하지 않을 때는 그 자체가 스트레스로 다가옵니다. 20세기 최고의 경영학자이면서 컨설턴트인 피터 드러커는 현재의 중요성을 이렇게 갈파하고 있습니다.

"Future is Now!" (미래는 곧 현재이다!)

당신의 내일의 모습은 오늘(당신이 하는 행동을 보면) 보면 알 수 있고, 금년의 당신이 곧 내년의 당신의 모습을 결정하게 된다는 사실을 기억하십시오.

그런 차원에서 이 책은 주로 미래적 관점에서 현재를 어떻게 활용할 것인가에 초점이 두어져 있습니다. 과거의 좋지 않은 추억이 현재의 집중에 방해가 되는 것이 있다면 빨리 잊도록 하십시오. 아니, 은혜의 자원으로 활용할 수 있도록 해보십시오.

은혜란 무엇입니까? 하나님 앞으로 가까이 가게 하는 사건과 도구는 모두 은혜입니다. 그런 의미로 본다면 과거의 실패도 은혜요, 넘어짐도 은혜요, 상처도 은혜가 될 수 있지 않겠습니까? "그것 때문에, 그것으로 인하여 내가 하나님 앞에 다가갈 수밖에 없노라"고 고백할 수 있다면 모든 과거는 은혜가 될 수 있음을 믿읍시다.

  앞으로 나아가기를 원하는 사람은 반드시 창조적 단절의 과정을 거쳐야 합니다. 창조적 단절이란, 미래를 창조하기 위해서는 과거를 과감하게 꺾어야 한다는 뜻입니다. 쟁기로 밭을 가는 농부가 이미 갈려 지나간 이랑을 보기 위해 계속 뒤를 돌아보면 어떻게 되겠습니까? 이랑의 모양이 더욱 형편없이 될 뿐입니다.

  아무리 상황이 어렵고 고달프다 하더라도 우리가 꿀 수 있는 꿈마저 포기하는 일은 없어야 합니다. 그러나 행함이 없는 꿈에만 머물러 있어서는 결코 안 됩니다.

"형통한 날에는 기뻐하고 곤고한 날에는 생각하라 하나님이 이 두 가지를 병행하게 하사 사람으로 그 장래의 일을 능히 헤아려 알지 못하게 하셨느니라" (전도서 7:14)

  누구든지 잘 나갈 때는 즐겁고 기뻐할 수 있습니다. 그러나 환란과 어려움이 나를 둘러칠 때가 문제입니다. 전도서의 기자는 그 때의 자세를 "생각하라"고 가르치고 있습니다. 지금 뭔가 안 풀리는 문제가 있습니까? 찬찬히 생각해보는 시간을 가져 보십시오.

  그럴수록 더욱 지혜에 지혜를 모으고, 모든 활동을 자신의 비전과 목표에 연계시키려는 노력을 게을리 하지 마시기 바랍니다. 꿈과 비전이 있는 인생은 나이의 많고 적음에 관계 없이, 그리고 지금의 환경이 좋고 나쁨에 관계없이 살아 있는 인생입니다. 꿈과 비전에서 삶의 의

미를 찾은 빅터 프랭클이 아우슈비츠 수용소의 죽음을 이겨낸 것처럼 말입니다.

　아무쪼록 미래를 긍정적으로 바라보고, 모든 상황을 자신에게 유리하게 해석하고 행동하는 여러분 되시기 바랍니다.

　이 책이 나오기를 오래 전부터 고대하던 사람이 있습니다. 나의 사랑하는 두 딸입니다. 그 동안 가장으로, 때로는 인생 선배의 입장에서 식탁에서 간간이 잔소리처럼 했던 얘기가 정리된 모양으로 나왔다는 것에 큰 기쁨을 느낍니다. 책을 읽는 과정에서 아빠가 평소에 전하고 싶어 했던 이야기들이 그들의 가슴 속에 작은 소망이 되어 미래에 이루어 나갈 꿈과 비전 위에 작은 파문을 일으켜 줄 수 있기를 기대합니다.

　그 동안 여러 차례, 그리고 많은 시간 책의 내용을 가지고 세미나를 열어 왔습니다. 그때마다 놀람과 감동을 체험합니다. 그 대상이 경영자가 되었든, 직장인이 되었든, 학생이 되었든 상관없이 각자 자신이 처한 환경과 위상에 걸맞게 이해하고 수용하는 현상을 확인하면서 많은 보람을 느꼈습니다.

　우연하게나마 이 책을 손에 들게 될 사랑하는 독자들에게도 긍정적 변화의 계기가 되는 작은 도구가 되길 소원하고 기도합니다. 감사합니다.

김 호 영

| 차 례 |

머리말 · 4

제1장 | 룰을 알면 인생이 즐겁다
1. 당신은 여전히 당신입니다 · 12
2. 달란트 이야기 · 18
3. 룰을 알면 인생이 즐겁다 · 25
4. 절대경쟁의 원리 · 33
5. 올바른 지도가 필요합니다 · 39
6. GIGO 법칙 · 47

제2장 | 절대로 떨어지지 않는 사과
1. 대체 지금 무슨 일을 하고 있는가? · 54
2. 절대로 떨어지지 않는 사과 · 62
3. 어떤 어부와 여행자 · 69
4. 지(知), 호(好), 락(樂) · 76
5. 탁월한 리더의 조건, 독서 · 82
6. 당신의 언어를 경영하라 · 87
7. 관계는 곧 힘이다 · 95

제3장 | 보이지 않는 것을 보는 기술

1. 네가 무엇을 원하느냐 · 104
2. 나에게는 꿈이 있습니다 · 108
3. 보이지 않는 것을 보는 기술 · 116
4. 눈을 들어 비전을 보라 · 122
5. 꿈과 비전도 가꾸어야 자란다 · 131
6. 성공은 곧 균형이다 · 140

제4장 | 얻기를 원하거든 놓을 줄도 알라

1. 얻기를 원하거든 놓을 줄도 알라 · 148
2. 열 가지 재주 가진 놈 처자식 굶긴다 · 155
3. 크로노스를 카이로스로 전환하라 · 162
4. SMART 법칙 · 168
5. 무계획은 실패를 계획하는 것 · 176

제5장 | 모든 상황을 자신에게 유리하게 해석하라

1. 불결(不決)이면 불결(不結)이다 · 182
2. 모든 상황을 자신에게 유리하게 해석하라 · 187
3. 자신의 가치를 최고로 인정하라 · 193
4. 나의 달려갈 길을 위하여 · 197
5. 포기하지 마라 : TEFCAS · 202

제1장

룰을 알면
인생이
즐겁다

당신은 여전히 당신입니다

오늘날 미국에서 가장 광범위한 영향력을 미치는 인물은 단연코 오프라 윈프리입니다. 그녀의 슬픈 과거에 대해 웬만한 사람은 다 알고 있습니다. 그녀의 위대성은 그녀가 엄청나게 부유하다는 데 있지 않습니다. 불가능해 보였던 역경과 고난을 극복한 데 있습니다.

그런데 그녀로 하여금 오늘날의 그녀답게 만든 힘은 바로 자신을 극진하게 사랑한 데서 비롯되었다는 사실을 아는 사람은 드뭅니다.

"오늘 졸업식에서, 또 앞으로 살면서 상을 받는 학생은 많을 것입니다. 그러나 그 무엇보다 소중한 상은 따로 있습니다. 그건 바로 여러분 자신이 스스로에게 주는 상입니다. 자신에게 존경받는 것이 최고의 기쁨입니다. 본래의 자신을 팔아 넘겨 노예로 만들지 마십시오."

위의 메시지는 2007년 오프라 윈프리가 흑인 명문 하워드대학교에서 명예박사 학위를 받은 후 답사에 담긴 내용의 일부입니다.

자, 여기 1만원권 지폐가 한 장 있습니다. 모두 이것을 가지고 싶으시겠지요?

네, 모두 가지고 싶어 하는군요.

이것을 형편없이 구겨보겠습니다. 이래도 가지고 싶습니까?

그래도 역시 가지고 싶다구요?

좋습니다. 그러면 이번에는 이 돈을 땅에 던져 놓고 마구 짓밟아 보겠습니다. 이래도 가지고 싶습니까?

이렇게 구겨지고 더럽혀졌는데두요? 왜 가지고 싶어 하는 겁니까?

네, 그렇습니다. 1만원의 값어치는 변함이 없으니까요!

새 돈이건 더럽혀지고 구겨진 돈이건 1만원으로 살 수 있는 물건의 양은 똑 같다고 모두들 알고 있습니다. 이것을 우리는 화폐가 가지고 있는 가치라고 합니다.

너무나 당연한 말을 하고 있는 것 같습니다. 그렇다면 이제 다시 한 번 물어보겠습니다.

실패해본 적이 있습니까? 그래서 좌절에 빠져본 경험이 있습니까? 때로 자신이 한없이 작고 형편없이 구겨지고 있다고 느껴본 적도 있겠지요? 그래서 자신을 형편없이 짓밟아 보기도 했겠네요.

그렇다고 자신이 원래 가지고 있는 본질적인 가치가 변한 것입니까? 누가 계속 짓밟고 있지요?

내가!

"오직 너희는 택하신 족속이요 왕 같은 제사장들이요 거룩한 나라요 그의 소유된 백성이니 이는 너희를 어두운데서 불러내어 그의 기이한 빛에 들어가게 하신 자의 아름다운 덕을 선전하게 하려 하심이라"
(베드로전서 2:9)

아무도 당신보고 가치 없는 존재라고 규정하고 있지 않습니다. 자신이 계속 그렇게 정의하고, 결론을 내리고, 괴로워합니다.

이처럼 사람은 누구보다도 자신에게 가혹하고 잔인합니다. 그게 절대적으로 무익하다는 것을 알면서도 말입니다. 9세 때 삼촌으로부터 성폭행을 당하고, 미혼모가 되기도 했으며, 14세 때까지 그런 존재로 살아온 오프라 윈프리로 말할 것 같으면 자신을 그렇게 규정하고 망가져도 당연하다고 여겨질 사람이었습니다. 그녀도 한때는 그랬습니다.

그러나 그녀는 이제 전혀 그런 사람이 아닙니다. 전 세계 수백만 명의 사람들이 그의 방송 프로그램에 채널을 고정시킵니다. 그리고 미국에서 가장 크게 영향력을 행사하는 사람들 중 한 사람이기도 합니다.

어쩌면 모든 고난은 우리가 능히 감당할 만한 것들입니다. 그래서 우리는 어려움이 닥칠 때마다 "이것도 곧 지나가리라. 나는 아직도 쓸모가 있다. 나는 능력이 있다. 나는 내가 좋다." 라고 외칠 필요가 있습니다.

"사람이 감당할 시험밖에는 너희에게 당한 것이 없나니 오직 하나님은 미쁘사 너희가 시험당할 즈음에 또한 피할 길을 내사 너희로 능히 감당하게 하시느니라" (고린도전서 10:13)

인간에게 닥치는 어떤 시련이나 어려움도 하나님의 주권 아래 있기에 하나님을 신뢰하는 사람에게는 극복하지 못할 것은 하나도 없다는 말입니다.

당신은 여전히 당신입니다(You are still You). 낮아진 자존감으로 할 수 있는 것은 아무 것도 없습니다. 따라서 자신을 잘 경영하고자 하는 사람이 가장 먼저 지켜야 할 것은 바로 낮아진 자존감을 일으켜 세우는 일입니다.

인생이란 참으로 묘합니다. 생각한 것만큼 거두어 갑니다. 생각의 방향과 크기에 따라 행동하고, 행동한 만큼 얻게 됩니다. 따라서 자기 제한적 신념(self-limited belief)으로 자신의 능력을 좁게 영역화시킬 필요가 없다는 것입니다. 당신은 당신이 생각하는 것보다 훨씬 크고 쓸모가 있다는 사실을 깊이 인식해야만 합니다. 없는 것을 있는 것처럼 생각하라는 근거 없는 낙관주의가 아닙니다. 성경은 분명히 우리에게 다음과 같이 말씀하고 있습니다.

"하나님이 자기 형상 곧 하나님의 형상대로 사람을 창조하시되" (창세기 1:27)

보십시오. 우리가 곧 하나님이라는 말이 아니라, 그의 형상(image)을 닮았다는 이야기 입니다. 지혜의 형상입니다. 능력의 형상입니다. 사랑할 수 있는 형상입니다. 건전하고 건강한 형상입니다. 바로 그러한 형상을 우리도 부여 받았다는 것입니다.

자신을 올바로 사랑하지 못하는 사람은 결코 남을 올바로 사랑하기가 어렵습니다. 자신을 바로 세우십시오. 흔히 관계를 떠올릴 때 우리는 가장 먼저 '나와 너'를 생각하기 쉽습니다. 그러나 그렇지 않습니다. 가장 중요한 것은 '나와 나'와의 관계입니다. 자존감을 회복하고, 자신감을 가지며, 진취성을 유지하는 것이야말로 가장 건강한 '나와 너'와의 관계를 이루는 에너지요, 제대로 살아가기 위한 핵심입니다.

벼룩은 원래 1m 이상 튀어 오르는 힘이 있습니다. 그런데 깊이 10cm의 컵 속에 벼룩을 집어넣고 뚜껑을 닫아놓습니다. 컵 속에 있는 벼룩은 밖으로 나오려고 쉴 새 없이 튀어 오릅니다. 그때마다 계속 전신(全身)이 뚜껑에 부딪치겠지요. 한참 후에 뚜껑을 열어봅니다. 그런데 이상하게도 벼룩은 정확히 뚜껑의 높이만큼만 튀어 오르는 모습을 볼 수 있습니다.

어쩌면 우리는 벼룩의 모습 속에서 자신을 보고 있을지도 모릅니다. 계속 손쉬운 목표만을 달성한 사람이 큰 목표를 세우기를 두려워하는 이유도 이런 원리의 한 단면입니다. 물론 쉽게 달성할 수 있는 목표는 실제로 목표라고 하지도 않습니다. 그래서 너무 많은 실패의 반복도 바람직스럽지 않기는 매 한 가지입니다. 그런 의미에서 보면 수천 번의 실패와 천 번 이상의 거절을 이겨낸 에디슨이나 KFC(켄터키 프라이드치킨)의 창설자인 커넬 샌더스는 정말 대단한 인물들입니다.

자존감을 찾기 위한 아주 손쉬운 방법이 있습니다. 현재 자신의 일, 자신의 모습, 자신이 가지고 있는 것을 소중하게 생각하는 것입니다.

자신이 하는 일이 어떤 일이든, 현재 자신의 모습이 어떤 모습이든, 그리고 자신이 가지고 있는 것들이 비록 초라해 보일지라도 감사하는 마음으로 그대로 인정해 보는 것입니다. 작다고 작은 것이 아니요, 크다고 큰 것이 아닙니다. 큰 것을 가지고 작다고 느낄 수도 있고, 작은 것을 가지고 크다고 느낄 수도 있는 것입니다. 문제는 우선 그대로 수용하고 인정하는 것입니다.

가치를 따질 때 흔히 적용하는 기준이 있습니다. 기성품처럼 똑같은 것들이 세상 구석구석 어디를 가나 널려 있을 때, 그것에 대해 가치 있다고 말하지 않습니다. 그 물건이 세상에 몇 개 혹은 단 하나 밖에 없을 때 우리는 그 물건을 대체적으로 가치 있다고, 그리고 진짜 명품이라고 말합니다. 숫자가 적을수록 진짜 명품이라고 합니다. 그래서 비싼 값에 팔리기도 합니다.

그런 의미에서 우리 모두는 각자 명품 중의 명품이라고 할 수 있지 않겠습니까?

세상에 단 하나 밖에 없는 존재! 성경은 우리를 왕 같은 제사장, 거룩한 나라 그의 소유된 백성이라고 칭하고 있지 않습니까? 하나님의 사람들에 대한 정의를 이처럼 극명하게 표현된 부분이 있을까 궁금해집니다.

만일에 우리가 어느 기성품처럼 대량으로 찍어낸 물건들 중 하나라고 생각해 보십시오. 그렇다면 인간은 우주 만물 중 가장 하찮고 비천한 존재에 지나지 않습니다. 어찌 보면 같은 듯 보이나 다른 당신이야 말로 바로 명품 중의 명품임을 굳게 믿고 살아가시기 바랍니다.

달란트 이야기

"또 어떤 사람이 타국에 갈제 그 종들을 불러 자기 소유를 맡김과 같으니 그 재능대로 하나에게는 금 다섯 달란트를 하나에게는 두 달란트를 하나에게는 한 달란트를 주고 떠났더니 다섯 달란트 받은 자는 바로 가서 그것으로 장사하여 또 다섯 달란트를 남기고 두 달란트를 받은 자도 그같이 하여 또 두 달란트를 남겼으되 한 달란트 받은 자는 가서 땅을 파고 그 주인의 돈을 감추어 두었더니 …… 그 주인이 이르되 잘 하였도다 착하고 충성된 종아 네가 작은 일에 충성하였으매 내가 많은 것으로 네게 맡기리니 네 주인의 즐거움에 참예할지어다 하고 …… 악하고 게으른 종아 나는 심지 않은 데서 거두고 헤치지 않은 데서 모으는 줄로 네가 알았느냐"

이 글은 성경 마태복음 25:14-30에 기록된 내용의 일부입니다. 웬만한 크리스천들은 거의 한 번쯤은 들어 보았거나 읽어본 내용일 것입니다. 내용이 길어 여기에 다 실을 수 없어 일부만 소개하였으니 꼭 성경 본문을 찾아보시기 바랍니다. 전체 내용을 알기 쉽게 요약하면 다음과 같습니다.

어떤 마을에 부자이면서 큰 권력을 가지고 있는 사람이 있었습니다. 그는 재산과 권력의 크기만큼이나 하인들도 여럿 거느리고 있었습니다. 그런데 어느 날 주인이 오랫동안 출장을 가야 할 일이 생겼습니다. 떠나기 전, 주인은 하인들을 불러 모았습니다. 자신이 집을 비워 없는 동안 재산을 잘 관리해줄 것을 요청하기 위한 것입니다. 그래서 주인은 하인들 각자의 능력대로 재산을 나눠주었습니다. 좀 괜찮다고 생각되는 하인에게는 다섯 달란트를, 중간 정도 하인에게는 두 달란트를, 마지막 하인에게는 한 달란트를 나눠 주고 집을 떠났습니다.

장기간의 출장이 끝나고 주인이 돌아왔습니다. 그는 맡겨 놓은 재산의 변동 상태가 궁금했습니다. 그래서 하인들을 불러 모아 그 동안 자신의 재산을 어떻게 관리했는지에 대해 보고를 받습니다. 이를테면 정산을 해보자는 것입니다.

다섯 달란트를 받은 하인이 먼저 와서 보고를 합니다.

"주인님, 주인님께서 떠나실 때 다섯 달란트를 저에게 주셨습니다. 그런데 보십시오. 다섯 달란트를 추가로 남겨 열 달란트로 만들어 놓았습니다. 여기 있습니다."

주인이 보기에 너무나 기특해 보이지 않았겠습니까? 주인이 없는 데도 불구하고 성실하게 자신의 재산을 관리한 하인이 기특해 보였을 것입니다. 그래서 칭찬해주었습니다.

"착하고 충성된 종아, 네가 작은 일에 충성했구나. 그래서 너에게 더 많은 것을 맡기겠다. 그리고 나중에 잔치를 베풀 때 나와 함께 잔치의 즐거움에 참여하거라."

오늘날로 말한다면 성과에 대한 적절한 보상입니다.

그 다음 두 달란트를 받은 하인이 보고를 합니다.

"주인님, 주인님께서 떠나실 때 저에게 두 달란트를 맡기셨는데, 보십시오. 두 달란트를 추가로 남겨 네 달란트로 만들어 놓았습니다. 여기 있습니다."

역시 주인이 보기에 기특합니다. 자랑스러워 보였습니다. 그래서 그에게도 칭찬을 하고 성과에 대한 보상을 합니다.

"착하고 충성된 종아, 네가 작은 일에 충성하였구나. 너에게 더 많은 것을 맡기겠다. 그리고 나중에 잔치를 베풀 때 너도 나와 함께 잔치의 즐거움에 참여하여 먹고 마시도록 하라."

마지막으로 한 달란트를 받은 종이 와서 보고를 합니다.

"주인님, 주인님이 떠나실 때 저에게는 한 달란트를 주셨습니다. 그런데 저는 이 한 달란트마저 잃게 될까 두려워 땅 속에 묻어 두었다가 오늘 당신이 오신다기에 그것을 꺼내 왔습니다. 여기 있습니다. 받으십시오."

애기를 들은 주인이 너무나 화가 났습니다. 그래서 심하게 책망을 합니다.

"너는 참으로 악하고 게으른 종이구나. 나는 심지도 않았는데 거두고 헤치지 않는 데서 모으는 사람인 줄 알았느냐? 저 놈의 가진 것을 빼앗아 열 달란트를 가진 자에게 주고, 저 자를 바깥 어두운 곳에 쫓아 버려라. 거기서 그는 이를 갈며 지낼 것이다."

여기에서 우리는 몇 가지 중요한 메시지를 읽을 수 있습니다.

첫째, 사람에게는 누구에게나 달란트가 있다는 것입니다. 달란트란 무엇입니까? 오늘날로 얘기하자면 자신이 가지고 있는 탤런트(talent), 즉 타고난 재능, 솜씨, 기술 등 그런 것들입니다. 그런데 사람마다 가지고 있는 달란트는 각각 다르다는 것입니다. 그것에 따라 오늘날 각기 다른 직업을 선택하기도 합니다. 어떤 사람은 다섯 달란트를 부여받은 사람이 있는가 하면, 한 달란트를 부여받은 사람이 분명히 있습니다. 세계적인 첼리스트인 장한나 같은 인물은 다섯 달란트짜리 인생일 수 있지만, 저 같은 사람은 한 달란트나 1.5달란트의 인생일 수 있습니다. 그것은 우리가 어떻게 할 수 있는 영역이 아닙니다. 통제하고 선택할 수 있는 영역이 아니란 말입니다. 순전히 주인의 영역입니다.

그래서 주인은 달란트의 크기를 문제 삼고 있지 않습니다. 어떻게 관리했느냐에 관심의 조점이 있습니다. 그 결과 앞의 두 종에게 똑 같은 레벨로 칭찬을 합니다.

"착하고 충성된 종아, 네가 작은 일에 충성했구나."

다섯 달란트를 남긴 종에게 더 착하고 충성되다고 말하고 있지 않다는 사실에 주목해야 합니다.

둘째, 달란트를 대하는 태도입니다. 한 달란트를 받은 종의 태도를 보십시오. 아마 그는 다른 종들보다 작은 달란트에 자존심이 상해 분노했을지도 모릅니다. 어쩌면 상대적으로 너무 작은 것이라 크게 의미를 두고 있지 않았을지도 모릅니다.

여러분 중에 혹시 이런 사람은 없습니까? 혹시 자신에게 주어진 일이 너무 하찮게 생각되어, 아니면 나는 이 정도 밖에 안 되는 사람이라고 대강대강 일을 처리하는 사람은 없습니까? 그렇다면 여러분 역시 한 달란트를 받은 하인과 같은 태도를 가진 사람입니다. 맡겨진 한 달란트가 너무 작게 생각되어 불평을 입에 달고 있는 인생이 아니길 바랍니다.

달란트의 크기가 어떻든지 그것을 최대한 잘 갈고 다듬어 가치를 내고자 하는 적극적인 자세가 중요합니다. 그게 바로 주인에게 칭찬을 받는 비결이란 말입니다. 주인이 원하는 초점이 바로 그것입니다.

여기에 담겨져 있는 세 번째 메시지가 있습니다. 바로 시간(time) 개념입니다. '주인이 갔다가 올 때까지' 입니다. 우리가 나서 죽을 때까지, 1월 1일에서 12월 31일까지, 일어나서 잠자리에 들 때까지라는 의미입니다. 아주 좁게는 지금 이 순간을 말합니다.

재능(달란트)의 크기보다 더 중요한 것이 바로 태도(attitude)와 시간입니다. 부여받은 재능의 크기에 관계없이 제한된 시간 동안에 최선을 다하는 태도로 자신의 달란트를 관리하는 것이 얼마나 중요한 것인지를 강조하고 있습니다.

그러나 한 달란트를 받은 종처럼 자신의 책임을 다하지 않는 사람은 혹독한 대가를 치르게 된다는 사실을 비유하고 있습니다. 어떤 대가입니까? 가난일 수도 있고, 승진에서 탈락하는 일일 수도 있으며, 불

명예일 수도 있습니다. 여러 종류의 수치스러운 일일 수도 있습니다. 하나님께서는 자신의 달란트를 선용하지 않는 사람을 싫어하고 계신다는 것을 명심해야 합니다.

왜냐하면, 하나님의 목적은 우리의 달란트를 가장 효과적으로 사용하도록 하여 당신의 나라를 확장하는 데 있기 때문입니다. 더 나아가 하늘나라의 상급은 결코 달란트의 크기에 의해 결정되지 않음을 의미합니다.

왜 그럴까요? 우리가 가지고 있는 달란트는 이미 모두 하나님에게 속한 것이기 때문입니다. 우리에게는 그것의 크기에 상관없이 잘 맡아 관리해야 할 책임만 있을 뿐입니다.

이상의 내용을 정리하면 다음과 같은 수식을 만들 수 있습니다.

$$S \text{ (Success)} = T \text{ (Talent)} \times TM \text{ (Time Management)} \times A \text{ (Attitude)}$$

여기에 중요한 의미 있는 사실이 숨겨져 있습니다. T(재능, 솜씨, 능력, 자원)와 TM(시간 관리), 그리고 A(태도)와의 관계입니다. 더하기가 아니라 곱하기라는 사실입니다. 더하기라면 T의 크기가 S(성공, 결과, 성과)의 크기를 결정하게 되므로 우리 같은 사람에게는 별로 희망이 없습니다. 곱셈이기에 T가 좀 작아도 TM과 A를 잘 관리하면 S의 크기를 얼마든지 키울 수 있다는 얘기가 됩니다.

그래서 성공의 길은 방법을 적절하게 찾은 사람에게는 누구에게나 공평하게 열려 있습니다. 저와 같은 한 달란트짜리 인생도 꿈을 가질 수 있는 것입니다. 정말 멋진 일입니다.

저는 이 원리를 알고 무릎을 쳤습니다. 감격했습니다. 흥분이 되어 잠이 오지 않았습니다. 왜냐하면 새로운 소망을 얻었기 때문입니다. 큰 재능은 없지만 주어진 시간을 성실과 인내, 그리고 열정으로 극복할 수 있는 것 아니겠습니까?

그런데 시간은 결코 우리가 임의대로 관리할 수 있는 대상이 아닙니다. 시간을 멋대로 늘였다 줄였다 할 수 없다는 뜻이지요. 그래서 시간을 관리한다는 것은 제한된 시간의 틀 속에서 자신의 재능과 태도를 어떻게 경영해나갈 것인가 하는 자기경영(self-management)의 영역과 상통하는 것입니다.

결과적으로, 우리는 자신의 달란트를 확인하고 꾸준한 자기 경영을 통하여 성공적인 삶을 살아갈 수 있는 존재라는 것입니다. 힘내시기 바랍니다.

룰을 알면 **인생**이 즐겁다

"지식이 없는 소원은 선치 못하고 발이 급한 사람은 그릇하느니라"
(잠언 19:2)

사람의 수만큼이나 살아가는 방식이 다양하지만 성공적인 인생을 살아가는 사람들에게는 분명 공통적인 법칙 혹은 룰(rule) 같은 것이 존재하지 않나 생각하여 탐구해본 적이 있습니다.

금세기에 생존하는 인물 중 인생의 성공에 분명한 원칙이 있음을 몸소 체득하여 우리에게 그 길을 안내하는 인물이 있습니다. 브라이언 트레이시(Brian Tracy)입니다. 그는 진정으로 성공의 법칙을 전하는 메신저입니다.

그 역시 젊은 시절 험난한 삶을 살았습니다. 음식점 접시닦이에서 고층빌딩 유리창 청소부, 벌목공, 세일즈맨 등 20여 가지의 직업을 전

전했습니다.

어느 날 그는 잘 곳이 없어 자동차에서 잠을 자다가 너무나 추워 잠에서 깨었습니다. 그때 그는 자각의 순간을 맞습니다.

"내가 왜 이렇게 살아야 하지?"

비로소 그는 인생의 전기를 마련하고자 3년 동안 사하라 사막을 횡단하고 아프리카에서 슈바이처 박사를 만나는 과정에서 인생의 새로운 깨달음을 얻게 됩니다.

이후 그는 큰 성공을 하고 부와 명예를 얻게 되었으며, 현재는 사업가이자 컨설턴트, 그리고 탁월한 강연가로서 명성을 떨치고 있습니다.

무엇을 하든 우리 앞에 원칙 혹은 룰이 있다는 것은 무척이나 효율과 효과를 높여줍니다. 그래서 룰을 알면 인생이 즐거울 수 있는 것입니다. 성공은 자취를 남기기에 원칙이 가르쳐 주는 대로 따라 가기만 하면 원하는 위치에 어느 정도 도달가능하기 때문입니다.

법(laws)이 만들어지는 원래의 목적은 실제로 자유와 편안함을 주기 위한 것이란 사실을 아십니까? 원칙 혹은 룰 속에는 대부분 방법론이 들어있는 것이 보통입니다. 따라서 원칙을 안다는 것은 그 일을 해내는 방법도 안다는 뜻이 됩니다. 그래서 인생이란 아는 것만큼 보이고, 보이는 것만큼 소유할 수 있는 법입니다.

저는 지금까지도 잘하는 스포츠가 없습니다. 잘하지 못한다는 것은 제대로 하는 방법을 아는 것이 없다는 의미이겠지요. 그래서 직접 하는 것도, 보는 것도 재미가 없습니다. 그래서 무엇이든 재미를 느끼려면 먼저 관련 지식을 습득하는 것이 중요합니다.

우리의 인생도 마찬가지입니다. 인생을 재미있게 살려면 먼저 룰(원칙)을 배우는 것이 중요한 이유가 바로 거기에 있습니다. 그런 차원에서 이 책은 여러분들에게 하나의 조그만 룰을 제공하기 위해 쓰여졌습니다.

나이의 많고 적음에 관계없이 우리 모두 삶의 룰을 회복할 때 지금보다 훨씬 활기차고 깊은 인생을 체험할 수 있지 않을까 생각합니다.

일전에 집안이 어려워 초등학교도 마치지 못했던 호주의 한 할머니가 94세에 석사학위를 받았다는 외신 보도를 본 적이 있습니다. 인간 승리의 감동적인 드라마입니다. 호주 애들레이드 대학에서 의학석사 학위를 받은 필리스 터너 할머니에 관한 내용입니다. 12세 때 초등학교를 떠난 후 60여년 만에 다시 공부를 시작하여 얻은 열매입니다. 필리스 터너 할머니야말로 인생의 룰을 알고 철저하게 적용하며 살아온 증인이 아닌가 생각합니다.

일반적으로 사람이 나이를 먹어갈수록 퇴행적으로 변하기 쉬운 세 가지가 있다고 합니다.

첫째는 삶에 감동이 섞어집니다.

나이가 든다는 것은 경험이 많이 쌓여 간다는 뜻입니다. 그런데 경험이란 우리에게 배움도 주지만 자칫 우리의 사고를 거기에 매이게 함으로써 생활의 경이로움을 앗아가기도 한다는 데 주목해야 합니다. 반복되는 세월을 수십 번 거쳐 온 사람에게 있어 금년에 맞이하는 자연의 변화란 작년의 것과 거기서 거기일 뿐입니다.

그러면서 삶의 기대와 흥분이 사라질 수 있습니다. 때로 고집스러워지기도 하는데, 그에게 있어 판단의 잣대는 늘 과거이기 때문입니다. 그리고 살아온 세월이 남아있는 세월보다 길어서 그런지 이야기의 주제가 과거에 머물게 되는 경우가 있습니다. 정지된 느낌의 삶에는 감동이 있을 수 없습니다.

둘째는 열정이 식어갑니다.

사람들에게 가끔 이런 질문을 해봅니다.

"지금까지 살아오면서 어떤 때가 가장 신나고 즐거웠다고 생각하십니까?"

원하는 시험에 합격했을 때, 운전면허 시험에 합격했을 때, 원하는 이성과 결혼에 골인했을 때, 승진했을 때, 자녀를 얻었을 때 등을 가장 신났던 순간이었다고 합니다. 그렇습니다. 대부분의 사람들은 '자신이 원하는 일을 할 때' 가장 즐겁고 재미있었다고 합니다. 그런데 더 재미있고 신나는 일은 그것들이 성취되는 순간이었다는 사실입니다.

일전에 우연히 한국의 유명한 등반대장 H씨의 얘기를 들을 기회가 있었습니다. 그는 지금까지 목숨을 담보하면서 수 없이 많은 산을 오르내렸습니다. 그런데 사람들로부터 늘 비슷한 질문을 받는답니다.

"처자식이 있는 사람이 어떻게 그렇게 목숨이 위태로운 일을 계속 합니까" 라고 말입니다.

그의 대답은 매우 단순하고 재미있습니다.

"올라본 사람만이 그 맛을 압니다."

이 순간에 떠오르는 생각 한 꾸러미가 있습니다. 병아리는 과연 독수리를 부러워할까? 결코 병아리는 독수리를 부러워하지 않습니다.

왜냐하면 창공을 날아본 적이 없기 때문입니다. 성공도 해본 사람이 그 묘미를 알아 자꾸만 성공하고 싶어지는 원리와 같습니다. 큰 성공의 이면에는 작은 성공이 있었다는 데 주목해야 합니다.

필리스 터너 할머니가 90세 때 석사과정을 공부하기 위해 의과대학에 진학한 것은 각고의 노력 끝에 2002년 인류학 학사과정을 우등으로 졸업한 경험이 크게 작용했을 것이라는 생각이 듭니다.

당신에게 열정이 사라지기 시작한 시간의 근원을 쫓아가 보십시오. 진정으로 원하는 것이 없어지고, 목표가 흐릿해지고, 도전의 대상이 사라진 시기에 맞닿아 있지 않습니까?

목표가 없는 삶은 그 순간부터 무미건조해집니다. 이루고자 하는 목표가 없다는 것은 우리에게 성취를 낚는데 필요한 요소인 열정이 만들어지기 어렵다는 뜻이기도 합니다.

나이가 들면서 사라지기 쉬운 세 번째 것은 바로 진정한 웃음(미소)입니다.

웃음은 즐거움(재미)과 깊은 관계가 있습니다. 사람에게 웃음보다 더 소중한 것이 있을까요?

누구든지 입에 달고 사는 말이 있습니다.

"그거 재미 있(었)냐?"

직장생활 하는 사람에게든, 사업을 하는 사람에게든, 영화를 보고 나온 사람에게든 공통적으로 물어보는 첫 질문은 거의 "재미있(었)냐?"입니다.

이는 웃음(재미)이 우리에게 가장 커다란 동기부여 요소가 되는 것임을 보여주는 증거입니다.

성경에 "항상 기뻐하라 쉬지 말고 기도하라 범사에 감사하라(데살로니가전서 5:16-18)" 라는 말이 있습니다. 가장 먼저 "기뻐하라" 를 둔 것은, 미루어 짐작하건데 사람에게 그것이 무엇보다도 중요하다는 뜻이 아닐까 생각합니다.

그리고 "항상 기뻐하라 내가 다시 말하노니 기뻐하라(빌립보서 4:13)" 라는 말씀으로 다시 강조하고 있습니다.

그렇다면 재미(웃음)의 원천은 무엇일까요?

앞의 두 가지 문제(감동, 열정)가 회복되는 곳에서 웃음(재미)은 비로소 시작되는 것입니다. 그래서 이 셋은 달리 보이나 같은 줄기입니다.

당신에게 있어 매일은 일상의 반복처럼 보입니까, 아니면 새로운 자원이자 기회로 보입니까?

그리고 이 순간 뭔가 가치 있는 목표(원하는 것)에 생각과 행동의 초점이 향해져 있습니까? 그렇다면 당신은 분명 감동과 열정과 웃음을 늘 곁에 두고 사는 멋진 사람입니다.

제가 이 책을 쓰고 있는 이유 중 하나가 바로 여기에 있습니다. 제가 과거에 그랬던 것처럼 분명히 여러분들도 이 책에서 안내하는 길(불)을 따라 가다보면 잃어버린 자신을 찾게 될 것이며, 감동과 열정과 웃음(재미)을 찾게 되리라고 확신합니다.

지은이가 밝혀지지 않은 예화 한 토막을 통하여 저의 마음을 전해보고자 합니다.

어느 날 한 어머니가 아들을 데리고 간디를 찾아왔습니다.

"선생님, 제 아이가 사탕을 너무 많이 먹어 이가 다 썩었어요. 사탕을 먹지 말라고 아무리 타일러도 말을 안 듣습니다. 제 아들은 선생님 말씀이라면 잘 들어요. 그러니 선생님께서 말씀 좀 해주세요."

그런데 뜻밖에도 간디는 "한 달 후에 데리고 오십시오. 그때 말해 주지요." 라고 말했습니다.

아이 어머니는 이상했지만 한 달을 기다렸다가 다시 간디에게로 갔습니다.

"한 달만 더 있다가 오십시오."

"또 한 달이나 기다려야 하나요?"

"글쎄, 한 달만 더 있다가 오십시오."

아이 어머니는 정말 이해할 수 없었으나, 참고 있다가 한 달 후에 또 갔습니다.

그때 비로소 간디가 아이에게 "얘야, 지금부터는 사탕을 먹지 말아라." 라고 말했습니다.

"예, 절대로 사탕을 먹지 않을래요."

황당해진 아이 어머니가 궁금해서 간디에게 물었습니다.

"선생님, 그 말씀 한마디 하시는데 왜 두 달씩이나 걸려야 했나요?"

간디가 이렇게 대답했습니다.

"실은 나도 사탕을 너무 좋아해서 사탕을 먹고 있었어요. 그런 내가 아이에게 사탕을 먹지 말라고 할 수가 있나요?"

"그런즉 선 줄로 생각하는 자는 넘어질까 조심하라" (고린도전서 10:12)

진정으로 솔선하는 리더십의 표상과 인격을 보는 듯합니다.

어디까지나 이 책은 실천서입니다. 자기경영의 실제적인 방법론을 다루고 있는 책입니다. 내가 과거 10여 년 전부터 현재까지 계속해서 실행하면서 분명히 성과를 확인한 룰(rule)만을 다루고 있습니다. 내가 적용해보지 않은 내용을 멋있게 포장하여 사람들을 감동시키는 글재주가 나에게는 없습니다. 간디가 많은 이들에게 칭송을 받는 이유는 바로 솔선수범의 리더십을 보여주었기 때문입니다. 나도 이 책을 통하여 여러분들에게 만분의 일이나마 간디를 닮고 싶은 마음이 있습니다.

기업의 경쟁력을 높이는 데에는 우수하고 차별적인 프로세스가 필요합니다. 마찬가지로, 보통 사람들이 성공적인 삶을 살기 위해서는 반드시 나름대로의 룰(프로세스)이 있어야 한다고 생각합니다.

앞서간 많은 성공자들의 행적을 추적해보면, 그들 뒤에는 반드시 지나간 자취가 있습니다. 그래서 여기에서는 누구든지 쉽게 적용하고 성과를 확인할 수 있는 공통적인 것들만을 다루고 있습니다. 당신의 열정과 감동을 기대해봅니다.

절대경쟁의 원리

"내가 어렸을 때에는 말하는 것이 어린아이와 같고 깨닫는 것이 어린아이와 같고 생각하는 것이 어린아이와 같다가 장성한 사람이 되어서는 어린아이의 일을 버렸노라" (고린도전서 13:11)

초등학교 때 배운 토끼와 거북이의 경주를 담은 스토리를 기억하십니까? 어느 날, 토끼가 거북이에게 달리기 경주를 하자고 제안합니다. 저쪽 산꼭대기에 있는 깃발에 먼저 도착하는 쪽이 이기는 게임입니다. 이런 게임은 아시다시피 너무나 시시합니다. 왜냐하면 승부가 뻔한 게임이기 때문입니다. 애초부터 게임이 안 되는 보나마나한 게임이기 때문입니다. 그런데 이상한 일이 벌어졌습니다. 거북이가 경주를 하겠다고 나선 것입니다. 정말 바보 같은 결정입니다.

토끼와 거북이의 경주가 오늘날에도 회자되는 이유는 전혀 예측하지 못한 결과를 그려냈기 때문입니다. 거북이가 경주를 하겠다고 승낙한 것도 그렇고, 토끼가 당연히 이겨야 하는데 거북이가 완벽하게 승리하는 게임을 연출해낸 것도 그렇습니다.

제가 초등학교 때 이 책을 읽을 때는 글의 요지를 '토끼의 게으름과 교만'에 초점을 맞춰 이해했던 것으로 기억합니다. 즉, 토끼는 자만하여 낮잠을 자서 졌다. 그래서 우리는 결코 토끼 같은 태도를 가져서는 안 된다고 배웠습니다. 그래서 어린 마음에 "나도 게으름을 피우지 말아야지" 하는 다짐을 하곤 했던 생각이 납니다. 물론 단편적으로 보면 틀린 얘기는 아닙니다.

이제 어른이 되어 그 스토리를 대하면서는 전혀 다른 의미로 다가옵니다. 어른이 되고 세상의 이치들의 관계성이 확인되면서, 이 스토리를 쓴 작가가 우리에게 전하고자 하는 메시지의 핵심을 이해할 것 같습니다.

여기에는 두 가지 경쟁의 원리를 담고 있습니다. 토끼의 경쟁자는 아시다시피 거북이입니다. 토끼가 본 것은 거북이란 말입니다. 그러니까 경주를 하자고 먼저 제안했겠지요. 그러니까 경주가 너무 싱거운 것입니다. 말도 안 되는 게임이라고 생각했겠지요. 어쩌면 토끼 입장에선 자존심이 상하는 게임인지도 모릅니다. 그래서 최선을 다할 필요는 못 느끼지 않았겠습니까? 느긋하게 한숨 자도 충분히 이길 수 있는 상대라고 생각했을 것입니다.

이런 류의 경쟁방식을 우리는 상대경쟁이라고 합니다. 보편적인 생존방식입니다. 오늘날 대부분의 사람들은 이런 경쟁방식에 익숙해져 있습니다. 그러면서 서로 앞서려고 기를 씁니다. 때로는 지나쳐 상대를 모함하거나 눌러야 합니다. 그래야 내가 올라설 수 있기 때문입니다.

같이 입사한 직장동료가 먼저 승진합니다. 겉으로는 축하의 악수를 보내지만 배가 아픕니다. 고등학교 때 나보다 공부를 못한 동창의 집에 초대받고 갔는데, 내가 사는 집보다 넓고 멋있습니다. 그 자리에서는 축하를 해주지만 문을 나서는 순간 배가 아파지기 시작하고 질투가 납니다. 다른 집 아이가 우리 집 아이보다 공부를 잘하는 것이 도저히 용납이 안 됩니다. 동기부여가 되어야 할 텐데, 질투가 나고 왠지 억울한 생각이 들기도 합니다. 그리고 조급해집니다.

이 모든 것들이 바로 상대경쟁의 덫에 걸린 현상들입니다. 결핍의 패러다임에 빠진 결과입니다. 실제로 인간 세상을 살아가는 우리로서 상대경쟁을 전혀 안 할 수는 없겠지만, 이제 거기에서 해방되지 않으면 안 됩니다. 상대경쟁에 몰입해서는 평화롭지가 않습니다. 행복하지가 않습니다. 마음이 조급해질 뿐입니다. 그리고 졸렬해집니다. 진정한 리더로 성장하기 어렵습니다.

나에게는 두 딸이 있습니다. 어느 날 밤늦게 집에 들어갔는데 중학교 2학년인 작은 딸이 나에게 하소연합니다.

"아빠, 아빠!"

"어, 왜?"

"저, 제 친구 하연이 있잖아요."

"어 그래, 하연이? 아빠도 알지."

"근데 하연이가 요즘 공부 열심히 하는데 내가 불안해!"

"그래? 그러면 아빠가 하나 물어보자. 하연이가 공부 열심히 하면 네 점수를 갉아먹냐?"

"그건 아닌데요. 석차는 갉아먹을 수 있잖아요."

"예연아, 아빠 얘기 잘 들어 봐라. 하연이를 쳐다보지 말고 너는 네가 세운 비전과 목표만을 바라보고 꾸준히 가면 되는 거란다. 하연이가 열심히 공부하면 좋잖아? 서로 자극도 되고. 안 그래? 그런데 중요한 것은 하연이가 공부를 열심히 하든 안하든 그것 너하고는 전혀 상관없는 일이야."

"그런가요?"

그 일 이후 아이에게서 지금까지 그와 비슷한 얘기도 듣지 못했습니다. 어느 정도 상대경쟁의 불편함에서 해방이 된 모양입니다. 아이건 어른이건 세상 모든 사람들이 상대경쟁의 함정에 빠져 있는 것 같습니다. 그런데 상대경쟁은 끝이 없는 불안한 게임임을 명심하십시오.

그런데 거북이를 한 번 보십시오. 거북이 입장에서 경쟁자를 토끼라고 생각했다면 굳이 경주해야 할 이유가 있었겠습니까? 애당초 가망이 없는 게임인 것을 거북이가 과연 몰랐을까요?

거북이의 생각은 다른 데 있었던 것이지요. 그가 본 것은 토끼가 아니라 산꼭대기에 꽂혀 있는 깃발이었습니다. 그래서 그는 토끼가 앞서 뛰어 가든 낮잠을 자든 관심이 없었습니다. 그의 목표는 오직 깃발에 있었기 때문입니다. 바로 절대경쟁의 원리입니다. 풍요의 패러다임이란 말입니다. 이 글을 쓴 저자의 의도가 바로 이런 원리를 독자들에게 알려주고 싶었던 것이 아닐까요? 자신이 설계한 명확한 꿈과 비전, 그리고 목표를 가지고 꾸준히 그 길을 가십시오. 상대방이 조금 빨리 가는 것에 몸 달아할 필요가 없습니다.

내가 가는 길은 그들이 가는 길과 처음부터 다른 길이기 때문입니다. 친구가 혹은 직장 동료가 나보다 먼저 평수 넓은 아파트를 장만한 것 가지고, 승진을 한두 해 먼저 했다고 해서 배 아파하거나 기가 죽을 필요가 없습니다. 왜냐하면 나에게는 이미 세워둔 나만의 명확한 깃발이 있는 것이지요.

"나의 가는 길을 오직 그가 아시나니 그가 나를 단련하신 후에는 내가 정금같이 나오리라" (욥기 23:10)

상대만을 보는 사람은 목표를 보는 사람을 이기기 어렵다는 사실에 주목해야 합니다. 비전과 꿈을 향한 우리의 여정에는 고통도 있습니다. 장애물도 있을 수 있습니다. 그러나 절망하거나 그만두지 마십시오. 그 모든 과정에서 만나고 체험하는 것들이 변하여 정금처럼 찬란하고 값지게 쓰여실 날이 있을 것입니다. 한 걸음씩 차근차근 계단을 오르다 보면 10년이 못되어 상대경쟁에서도 이겨있는 자신을 발견하고는 놀라게 됩니다. 사도 바울이 그랬습니다.

"내가 이미 얻었다 함도 아니요 온전히 이루었다 함도 아니라 오직 내가 그리스도 예수께 잡힌 바 된 그것을 잡으려고 좇아가노라 형제들아 나는 아직 내가 잡은 줄로 여기지 아니하고 오직 한 일 즉 뒤에 있는 것은 잊어버리고 앞에 있는 것을 잡으려고 푯대를 향하여 그리스도 예수 안에서 하나님이 위에서 부르신 부름의 상을 위하여 좇아가노라" (빌립보서 3:12-14)

사도 바울의 인생이야말로 절대경쟁의 표상이 아닌가 생각합니다. 그렇다면 당신의 푯대는 무엇입니까? 그것을 정하고 그것만을 바라보고 가는 삶이야말로 궁극적인 승리를 얻는 길이 아닌가 생각합니다.

푯대를 향하는 삶, 바로 절대경쟁을 지향하는 놀라운 삶의 비결입니다. 결핍의 사고보다는 풍요의 사고로 무장하여 보십시오. 세상이 다르게 보이는 것을 확인하게 될 것입니다.

올바른 지도가 필요합니다

서울에서 뉴욕까지 가는 비행기는 과연 항로를 이탈할까요, 안 할까요? 이탈해서는 안 될 거라고 생각하는 사람들이 의외로 많습니다. 그러나 놀랍게도 거의 99% 항로를 이탈해서 갑니다. 그러나 분명한 것은 도착시간이 가까워지면 어김없이 뉴욕 공항 상공에 떠 있다는 사실입니다.

왜 그럴까요? 수시로 이탈하는 비행기를 다시 제자리를 찾을 수 있도록 통제하는 자동항법장치(navigator)가 있으며, 무엇보다도 이 비행기가 가고자 하는 곳이 바로 뉴욕 공항이기 때문입니다.

인생도 항해와 같습니다. 잔잔한 바다를 지날 때도 있지만 폭풍우와 사나운 파도에 맞서 싸워야 하며, 때로는 조류에 밀려 저만치 원하지 않은 곳에서 표류하기도 합니다. 인생의 항로 이탈입니다. 그러나 그때마다 들여다봐야 할 것이 있습니다. 바로 방향키(자동항법장치)입니다. 문제는 모든 사람이 그 중요한 방향키를 다 가지고 있지 않다는 사실입니다.

방향을 보는 사람은 위치를 보는 사람보다 훨씬 강하고 위대합니다. 그는 현재의 고난을 인내할 줄 알 뿐만 아니라, 상황을 자신에게 유리하게 해석할 줄 압니다. 결국 세상은 그들에 의해 움직여진다는 사실에 주목하시기 바랍니다.

일전에 버스를 타고 출근을 하던 중 반쯤 졸면서 가다가 우연히 흥미 있는 라디오 방송을 듣게 되었던 일이 있습니다. 남녀 두 사람이 진행하는 프로그램이었는데, 어느 순간 남자 진행자가 여자 진행자에게 다음과 같은 질문을 던지는 겁니다.

"○○○씨, 성공의 조건은 무엇이라고 생각하세요?"

"성공의 조건이라니?"

눈이 번쩍 뜨였습니다. 그리고 주의 깊게 경청하는 자세를 갖추고 들었습니다. 저에게는 너무나 중요한 순간이었기 때문입니다.

여성 진행자가 준비된 대로 하나씩 대답합니다.

"첫째, 성실해야 하겠지요. 뭐니 뭐니 해도 자신의 일에 열심히 노력하고, 말과 언행을 일치시키기 위해 애쓰는 것이 중요하다고 봅니다.

둘째는 남보다 한 발 앞서야 합니다. 다른 사람보다 10분 일찍 집을 나서면 30분 일찍 도착하니까 업무준비도 하고, 그날 할 일에 대한 계획도 짜게 되어 하루를 여유 있게 시작할 수 있겠지요."

"예, 그렇겠네요. 그렇다면 나머지 하나는 무엇일까요?"

"세 번째는 바로 건강입니다."

남자 진행자가 전적으로 동의를 표합니다. 여러분 생각도 같습니까? 정말 그럴까요? 이 세 가지만 잘하면 성공할 수 있겠습니까?

곰곰이 생각해 보았습니다. 분명 이 세 가지 조건(성실, 속도, 건강)은 중요합니다. 그런데 어딘가 허전합니다. 필요조건임에는 분명한데, 필요충분조건에 이르기는 어쩐지 미흡한 느낌이 있습니다. 그게 과연 뭘까요?

이런 비유를 생각해 봤습니다. 서울에 사는 어떤 사람이 차를 몰고 부산을 가야 합니다. 그에게 부산은 초행길입니다. 지금까지 그는 부산에 가본 적이 없습니다. 그래서 약간은 불안합니다. 그래도 가야겠기에 마음을 다잡고 출발하기로 결심했습니다.

좀 늦게 출발하면 길이 막힐 것 같아 아침 일찍 일어나 서둘러 시동을 걸었습니다. 그는 매우 성실하기도 하지만 운전을 잘하기도 합니다. 또한 그는 손과 발이 튼튼한 건강한 운전자입니다.

차를 몰고 집 밖으로 나왔습니다. 서울 시내 길은 그가 늘상 다니는 길이었기에 도로표지를 굳이 볼 필요가 없을 정도로 익숙합니다.

이제 고속도로를 들어섰습니다. 한참을 기분 좋게 달려 나갔습니다. 네 시간 남짓 시간이 흘렀을까, 큰 건물들이 보이기 시작합니다. 목적지에 다 왔다는 생각에 안도하면서 문을 열고 밖으로 나왔습니다. 주위를 둘러보기 시작했습니다. 그런데 이상합니다. 간판들이 왠지 부산의 이미지와는 거리가 있습니다. '유달산횟집'이며 '무안낙지집'이 눈에 들었습니다. 지나가는 사람에게 물어봅니다.

"여기, 부산 아닌가요?"

"아뇨, 목폰데요."

이 운전자에게 무엇이 문제입니까? 뭐가 잘못된 것입니까? 튼튼하고 건강한 몸으로 남보다 이른 시간에 일어나 열심히 성실하게 달려왔는데 도착한 곳이라니!

무심코 탄 버스나 지하철이 반대 방향으로 여러분을 싣고 한참을 가버린 적은 없습니까? 그때 문제가 무엇이었습니까? 방향표시를 제대로 보지 못한 것입니다.

그렇다면 서울에서 부산을 처음 가는 운전자가 준비해야 할 것이 무엇입니까? 초행길에 반드시 준비해야 하는 것 중 하나가 바로 지도(map)입니다. 더욱 중요한 것은 그냥 지도가 아니라 올바른 지도입니다.

우리 인생길도 초행길이기는 마찬가지입니다. 내일을 살아본 사람이 없고, 1년 후를 살아본 사람이 없습니다. 그래서 누구도 내일 일을 모르며, 1년 후의 일을 알 수가 없습니다. 이것이 미래가 불안하고 두려운 이유이기도 합니다.

우리가 착각하기 쉬운 것 중 하나는 어제 떠오른 태양이 오늘 역시 떠오른다는 이유로 어제와 오늘이 같은 날이라고 생각하는 것입니다. 지구가 항상 태양의 주위를 공전하고 질서정연하게 자전하기 때문에 우리의 의식이 그렇게 된 것이 아닌가 생각합니다.

실제로 어제의 관점에서 보면 오늘은 천지가 개벽할 만큼이나 다른 날입니다. 내일 역시 마찬가지이지요. 미래가 불안하고 두려운 이유는 마땅한 지도가 없기 때문입니다. 그래서 조급합니다. 초조합니다. 누군가 나를 추월하는 것 같아 마음이 불편하고, 불안하기까지 합니다.

올바른 지도가 있는 사람에게 있어 삶은 마치 즐거운 여행길과 같을 수가 있습니다. 계절의 바뀜이 보이고, 자연의 아름다움이 보입니다. 그래서 삶에 감동이 있으며, 에너지가 자동적으로 창출됩니다.

더욱 중요한 것은 마음의 여유가 있습니다. 지도에 표시된 방향을 따라 살아가면 되기 때문입니다. 앞에서 얘기한 절대경쟁을 실천해가는 사람의 모습입니다. 지도가 있는 사람에게는 좀 느린 것이 크게 문제가 되지 않습니다.

〈절대 경쟁의 패러다임〉

변화 유무 지도 유형	시대나 환경이 변해도 쉽게 바뀌지 않음	시대나 환경의 변화에 따라 변화시켜야 함
가치 지도 (value map)	핵심 가치 (core value)	시대(상황) 가치 (contingency value)
전략 지도 (strategy map)	미션과 비전 (mission & vision)	목표 및 실행 계획 (goals & action plan)

좋은 여행, 훌륭한 항해가 되려면 반드시 바른 지도가 필요하듯, 우리 인생에 있어서도 바른 지도를 설계함으로써 '날마다 점점 나아지는' 삶뿐만 아니라 가치 있는 자아를 찾을 수 있습니다.

표에서 나타난 두 가지 지도(가치 지도, 전략 지도)를 설계하고 관리하는 것을 저는 절대경쟁의 원리라고 정의합니다.

내가 두 가지 지도를 통하여 삶이 변화되고 커다란 성과를 내고 있는 것처럼, 이 책을 읽고 있는 여러분들도 약간의 수고로 지금보다 열 배, 백 배의 성과를 내시기 바랍니다.

위의 두 가지 지도를 구체적으로 설계하고 실행할 수 있도록 안내하는 것이 바로 이 책의 본질이요, 핵심입니다. 나는 13년 동안 2가지 지도(가치 지도, 전략 지도)를 구성하는 4가지의 내용들을 설계하고 지속적으로 관리함으로써 제법 괜찮은 삶을 살고 있으며, 미래에 대한 기대치가 지금보다 훨씬 크며, 기분 좋은 삶을 영위하고 있습니다.

● 핵심 가치

사람에게는 누구나 흔들리지 않는 자신만의 심리적, 정신적 지주가 되는 가치가 있어야 합니다. 이게 흔들릴 때 사람들은 그의 인격을 의심합니다. 그리고 진정한 리더십을 상실하게 됩니다. 예를 들어 정직, 인내, 절제, 언행일치, 용기, 책임감, 열정, 미소 등은 100년 전이나 지금이나 중요한 가치들로써 사람의 내면적 뿌리를 형성하는 것들입니다. 우리를 유능한 사람이 되기 전에 좋은 사람이 되도록 하는 바탕이 되는 것입니다. 좋은 씨앗(유능함)보다 비옥한 밭(田)을 먼저 일구는 것이 중요하지 않을까요? 이런 것들을 총칭하여 핵심 가치(core value)라고 정의했습니다.

● 상황 가치

누구든 시대나 상황이 바뀌면 자신의 생각이나 행동 패턴을 바꾸지 않으면 안 되는 부분이 있습니다. 인류는 수렵 농경사회를 거쳐 산업사회로, 산업사회에서 디지털 지식 정보화 사회로 전환되어 왔습니다. 느리게 변화하는 사회에서 초고속으로 변화하는 시대로 들어선지 오래입니다. 산업사회의 수직적인 마인드로는 디지털 사회의 수평적 요구를 견뎌내기는 실로 어렵습니다. 패션(fashion)이 아니라 트렌드(trend)에 따라 우리의 가치나 의식이 함께 움직이는 자세가 절대적으로 필요합니다. 트렌드(추세, 물결, 파도)는 맞서는 대상이 아닙니다. 함께 어울리고 놀 수 있는 대상으로 인식하는 것이 중요합니다. 이것은 바로 유능하게 되고자 하는 의식입니다. 즉, 좋은 씨앗을 만들기 위한 작업이라고 할 수 있겠습니다. 좋은 밭에 좋은 씨앗 뿌리기! 시대에 걸맞는 가치, 환경에 적합한 가치로 변화시켜 나가야 한다는 차원에서 시대(상황) 가치(contingency value)라고 정의했습니다. 대표적으로, 오늘날의 시대적 중심가치는 지식과 정보, 그리고 관계입니다.

● 미션과 비전

핵심 가치와 시대(상황) 가치의 기반 위에 세워야 할 것은 바로 미션과 비전입니다. 올바로 정립된 가치를 가지는 것만으로는 부족합니다. 명확하게 방향을 정하는 것이 중요합니다. 그래야 우리의 시간과 에너지가 효과적으로 쓰여질 수 있기 때문입니다.

미션과 비전은 쉽게 변화하는 것이 아닙니다. 장기적이며, 궁극적인 것입니다. 어쩌면 평생을 두고 이루어 나가야 할 존재이유일 수도 있습니다. 그런데 문제는 악한 비전도 있다는 것입니다. 오로지 돈을 버는 데 몰두하는 의사나 기업가들, 오로지 당선에만 목을 매는 정치가들, 감투에만 연연하는 교육자들을 오늘날 수 없이 많이 봅니다. 그래서 올바른 가치 지도(value map)가 전제되지 않은 미션과 비전은 악하게 사용될 수도 있다는 사실에 주목해야 합니다. 따라서 올바른 가치 위에 설계된 비전만이 제 힘을 발휘한다는 사실을 명심해야 합니다.

● 목표와 실행 계획

미션과 비전은 결국 단기적인 목표(goals)와 실행 계획에 걸맞는 행동으로 비로소 성취되는 것입니다. 인생은 수많은 단거리로 이어진 장거리 마라톤입니다. 여기에서 단거리가 바로 목표에 해당하는 부분이며, 단거리를 잘 뛰기 위해서 구체적인 일정과 행동방법 등을 정하는 것을 실행 계획이라고 합니다. 그러므로 단거리를 잘 뛰어내는 것은 바로 장거리 마라톤(미션과 비전)을 완주해내는 것과 매우 밀접하게 연결되어 있다는 사실에 주목해야 합니다.

비전에 이르는 과정에서 우리는 여러 장애물을 만날 수 있습니다. 재정적 장애, 건강상의 장애, 가정적 장애, 심지어 심리적 장애 등에 이르기까지 많은 어려움들이 우리를 곤혹스럽게 만들기도 합니다. 그럴 때마다 우리는 일정을 연기할 수도 있고, 우회적인 방법을 취하기도 합니다. 그래서 목표와 실행 계획(goals & action plan)은 상황에 따라 유연하게 변화시켜야 할 대상입니다.

GIGO 법칙

"사람이 마음으로 자기 길을 계획할지라도 그 걸음을 인도하는 자는 여호와시라" (잠언 16:9)

다소 끔찍한 얘기가 있습니다.

"목표가 없는 사람은 목표가 명확한 사람의 성공을 계속해서 도와주면서 살아가야만 한다."

별 생각 없이 TV 리모컨을 붙들고 있는 사람들은 허접스런 TV프로그램을 제작하고 시청률을 일정 부분까지 높이고자 하는 목표를 가진 PD의 성공을 도와주는 것이요, 출근길에 전철을 타면 습관적으로 별 가치도 없는 무가지(無價紙)로 시간을 때우는(?) 사람들은 무가지 제작자의 구독률 목표를 달성하는 데 지대한 공헌을 하고 있다는 사실을 아십니까? 건강을 해칠 정도로 음주나 흡연을 지속적으로 하는 사람도 마찬가지라고 할 수 있겠습니다.

이제부터 우리가 생각해야 할 것은, 먼저 분명한 비전과 목표를 세움으로써 주위 환경이 나의 성공에 공헌하도록 만들어 가는 것입니다. 이러한 현상을 인력의 법칙(law of attraction)이라고 합니다. 소위 끌어당김의 법칙입니다.

인간은 살아 있는 자석과 같습니다. 내가 긍정적인 생각을 가지고 명확한 목표에 따라 열정적인 모습으로 살아가다 보면 내 주변에 그런 사람들이 모여 들게 된다는 자연의 법칙입니다. 그래서 성공은 자세가 100%라는 말이 있습니다. 유유상종(類類相從)이라는 말은 그래서 맞는 말입니다. 성공하는 사람들의 특성 중 하나는, 그들은 미래를 생각하면서 현재의 행동을 조절해 나갑니다. 반대로 성공하지 못하는 사람들은 현재 자신의 행동과 형편을 보면서 미래를 규정합니다.

1년 후, 5년 후, 10년 후에 변화될 당신의 모습을 상상해 본 적이 있습니까? 아무런 변화없이 지금 이대로 계속 진행한다면 과연 내년에, 3년 후에, 5년 후에 나는 어디에 있을 것으로 생각됩니까? 그 때 나의 모습은 어떨까요? 지낼 만할 것 같은가요?

그렇다면 지금처럼 생각하고 행동하면 됩니다. 만일 그렇지 않다는 생각이 조금이라도 든다면 자신의 생활 프로세스의 인풋을 변경해야만 합니다. GIGO(Garbage In, Garbage Out)의 법칙이 있습니다. GIGO는 원래 컴퓨터 용어입니다. 불완전한 데이터나 프로그램을 입력하면 불완전한 답이 나올 수밖에 없다는 원칙을 설명하는 개념인데, 일반인들에게는 '쓰레기를 집어넣으면 쓰레기를 얻게 된다' 는 말로 쓰이고 있습니다.

"대저 그 마음의 생각이 어떠하면 그 위인도 그러한즉" (잠언 23:7)

마음의 생각에 따라 행동이 결정된다는 뜻입니다. 쓰레기 같은 생각을 하고 있으면 당연히 쓰레기 같은 결과를 얻게 됨을 알면서도 사람들은 좋은 것 얻기를 바랍니다. 이런 사고는 자연의 법칙인 인과의 법칙(law of cause)에 위배되는 생각입니다. 줄담배를 피워대면서 건강해지기를 바라는 사람들의 행태가 바로 이런 것입니다.

그러므로 이제부터는 GIGO를 'Good In, Good Out'으로 바꿔서 활용하도록 해보십시오.

반드시 좋은 것(긍정적 생각, 긍정적 성과지향의 행동 등)을 먼저 투입(in-put)하도록 합시다. 그런 다음 겸허하게 결과(out-put)를 기다릴 줄 아는 자세가 필요합니다.

〈지도의 유무에 따른 결과의 차이〉

계층\특성	비율(%)	목표의식	활동	
			계획	평가(피드백)
상류층	2~3	O	O	O
중산층	12~15	△	O	X
소시민	50~55	X	X	X
빈민층	28	X	X	X

앞에서 언급한 지도(map)를 설계하는 작업이야말로 긍정적인 성과를 기대하는 행동입니다. 미래에 전개될 자신의 청사진을 생생하게 그

려가는 작업입니다. 그리고 거기에 맞추어 현재 자신의 행동을 통제해 나가겠다는 다짐이기도 합니다. 지도를 만들고 지내는 사람과 그렇지 않은 사람들과의 차이에 대한 연구 결과가 있습니다.

이 데이터는 미국의 한 연구조사 기관에서 1953년도 예일대학 졸업생들을 대상으로 실시한 조사결과의 내용을 요약한 것입니다. 많이 들어봤던 내용일 것입니다.

조사를 위한 질문의 한 항목은 이렇습니다.

"당신은 삶의 비전과 목표를 명확하게 정하고, 그것들에 대한 성취계획을 수립한 서술된 리스트를 가지고 있습니까?"

'예' 라고 응답한 학생이 3%, '가지고 있으나 정리되지는 않음' 이라고 응답한 학생이 10% 정도, 나머지 87%는 '그런 것은 아예 없음' 이었습니다.

20년이 지난 후 그들을 다시 찾아 조사했습니다. 그런데 믿기지 않을 놀라운 결과를 발견했습니다. 순수하게 재정적인 규모만을 가지고 평가했는데, 3%의 사람들이 가지고 있는 재정적 규모가 나머지 97%의 사람들이 가지고 있는 규모보다 훨씬 큰 것으로 나타난 것입니다.

우연일까요? 이러한 통계는 국가, 인종, 성별에 관계가 없이 거의 공통적으로 나타나는 현상으로 밝혀졌습니다. 인생은 결코 우연에 의해 결정되지 않는다는 사실을 입증하고 있습니다.

앞에서 언급한 내용을 다시 반복한다면, 97%의 사람들 대부분은 3%의 사람들의 성공을 위해 부지런히 움직이고 있다는 얘기입니다. 각각의 계층에 있어서 명백한 특성을 확인해 보십시오. 목표를 세우고, 계획을 수립하며 실행한 것들에 대해 엄격하게 평가하고 피드백을 거치고 있느냐의 차이가 결국은 인생의 미래를 결정한다는 것입니다.

돈이 들어가는 일입니까? 약간의 수고로움만 감수하면 되는 일인데도 97%의 사람들은 안 합니다. 몰라서 안 하는 경우도 있겠지만, 대부분 귀찮아서 혹은 필요성을 못 느껴서 안 하는 경우가 많습니다.

DNA 구조에 있어서 인간과 침팬지의 차이는 정확하게 98.7%는 같습니다. 1.3%의 차이에 의해 인간이냐 침팬지냐가 결정되는 것입니다. 1.3%라고 하니까 작게 보입니까? 그게 사람과 동물을 가르는 매울 수 없는 간극을 결정하는 것입니다.

그러므로 하루 20분(24시간의 1.3%) 정도 목표를 설정하고, 실행계획을 수립하며, 실제로 행동한 것에 대해 평가하는 시간을 쓰는 것으로 얼마 지나지 않아 우리의 인생은 엄청나게 달라질 수 있다는 뜻입니다.

바쁜 사람이 큰일을 한다는 말이 있습니다. 뭔가 목표를 향하여 부지런히 움직이는 과정에서 기회가 잡히는 것이고, 그러면서 역량(competence)이 축적되면서 더 큰 일을 맡게 되는 선순환의 사이클이 계속 이어집니다.

상류층과 나머지 계층의 특성 중에 표에 나타나지 않은 중요한 특성이 하나 더 있습니다. 시간을 사용하는 패턴입니다. 상류층은 주어지는 시간을 주로 자신을 위해 쓰는 경우가 많은데 반하여, 나머지 계층은 주로 남을 위해 자신의 시간을 씁니다. 똑같이 바쁘지만 시간을 쓰는 방식이 전혀 다르기 때문에 결과 또한 다르게 나타나는 것입니다.

안타깝게도 소시민 이하의 사람들의 사고나 행위의 패턴을 보면 매일같이 똑 같은 방법을 반복하고 있다는 것입니다. '언젠가는 좀 나아지겠지' 하는 막연한 희망 속에서 살아갑니다. 현실의 벽을 부수고, 사슬을 끊어내기 위해서는 좀 더 소중한 것에 시간과 에너지를 쓸 줄 알아야 하는데 그렇지 못합니다. 매일같이 크기가 동일한 트랙을 돌고 있는 생쥐의 형국을 닮아 있습니다. 계속 돌다 보면 항상 같은 자리에 와 있는 자신의 모습을 확인하고는 서서히 미래로 향하는 문을 닫아걸기 시작합니다. 다른 결과를 얻기 위해서는 다른 방법을 찾아야 하는데… .

제2장

절대로 떨어지지 않는 사과

대체 지금 무슨 일을 하고 있는가?

"새 옷에서 한 조각을 찢어 낡은 옷에 붙이는 자가 없나니 만일 그렇게 하면 새 옷을 찢을 뿐이요 또 새 옷에서 찢은 조각이 낡은 것에 합하지 아니하리라 새 포도주를 낡은 가죽 부대에 넣는 자가 없나니 만일 그렇게 하면 새 포도주가 부대를 터뜨려 포도주가 쏟아지고 부대도 버리게 되리라 새 포도주는 새 부대에 넣어야 할 것이니라" (누가복음 5:36-38)

영국 런던의 성 바울 대성전은 '속삭이는 회랑'이라는 신비의 장소로 유명합니다. 옥스포드대학 교수였던 건축가 크리스토퍼 르엔 경의 설계에 의해 1710년 완성된 세계적인 건축물입니다. 건축 과정에 얽힌 의미 있는 이야기가 있어 소개하고자 합니다.

어느 날 르엔 경이 건축 공사장을 지나는 데, 세 사람의 석공이 땀을 흘리면서 열심히 돌을 다듬고 있었습니다. 그들에게 뭔가 물어보고 싶다는 생각이 들었습니다.

첫 번째 석공에게 물었다.

"당신은 지금 무엇을 하고 있습니까?"

"보면 모르겠수? 나는 지금 열심히 돌을 다듬고 있지 않소. 도대체 내 팔자가 어찌 되었길래 매일 아침부터 저녁까지 돌이나 다듬고 살아야 하니, 원!"

두 번째 석공에게 물었습니다.

"당신은 지금 무엇을 하고 있습니까?"

"예, 나는 먹고 살기 위해서 돌을 깎고 있습니다. 돌을 열심히 다듬어야 우리 집 식구들이 굶지 않고 살 수 있지 않겠습니까?"

세 번째 석공에게 물었다.

"당신은 도대체 무엇을 하고 있습니까?"

"예, 나는 그 유명한 크리스토퍼 르엔 경이 누군지는 모르지만 그와 함께 위대한 성전 건축에 참여하고 있습니다. 나 같은 사람이 이 위대한 일에 참여하게 되다니 정말 영광이시요."

세 번째 석공의 얘기를 듣고 르엔 경이 더욱 용기를 내어 건축에 참여한 끝에 엄청난 역사를 완수했다는 얘기가 있습니다.

여러분은 지금 무슨 일을 하고 있습니까? 자신의 일에 대한 정의를 내리는 작업은 정말 중요합니다. 이런 걸 우리는 미션(mission)이라고 합니다. 지금의 일을 하는 목적, 즉 왜 내가 이 일을 하는가에 대한 존재이유에 대한 물음과 답이 필요하지 않겠습니까? 학생은 학생대로,

주부는 주부 나름대로, 직장인은 맡고 있는 직무를 가지고 자신의 일의 결과를 사용하는 사람(고객)의 관점에서 명쾌하게 재해석해 봐야 합니다.

위와 같은 사례는 똑 같은 일을 놓고도 일에 대한 생각에는 큰 차이를 보일 수 있으며, 그에 따라 다른 결과가 날 수 있음을 알 수 있는 사례라고 할 수 있습니다. 생각의 차이가 자세의 차이를 낳기 때문입니다.

첫 번째 사람은 자신이 무슨 일을 하는지조차 잘 모르는 사람입니다. 실제로 많은 사람들이 이 부류에 속합니다.

두 번째 사람은 첫 번째 사람보다는 좀 나아 보입니다. 그러나 그도 크게 다르지 않습니다. 일을 단순히 생계수단으로만 여기고 있을 뿐입니다. 이들에게는 작업을 통하여 삶을 근본적으로 변화시키려는 의지가 매우 희박합니다.

그런데 세 번째 사람은 좀 다릅니다. 작업을 개념화하는 능력이 있습니다. 일에 대한 자신의 미션(mission)이 명확합니다. 분명히 그의 현재와 미래는 앞의 두 사람과는 다르리라고 확신합니다.

나타나는 현상을 보면 첫째와 둘째는 쉽게 지치고 불평이 많을 수 있으나, 세 번째 석공은 자신의 일을 자랑스럽게 여길 것입니다. 불평과 불만보다는 오히려 어떻게 하면 좀 더 멋있고 아름다운 성전이 될 수 있을까를 고민하면서 돌 하나하나에 자신의 헌신과 열정을 쏟아 넣습니다.

아마 그는 자신의 자손들 혹은 후세의 사람들이 그를 기억해주기를 바라면서 돌을 다듬고 있는지도 모릅니다. 이처럼 일을 단순히 일로 처리하는 사람과 자신의 일을 프로젝트로 보고 수행하는 사람과는 그 결과가 하늘과 땅 만큼이나 성과에도 차이가 나는 법입니다.

원래부터 평범한 일이란 없습니다. 그 일을 수행하는 사람이 그저 평범한 방법으로 수행하기 때문에 평범해지는 것뿐임을 명심하십시오. 같은 일이라도 좀 더 특별한 방법으로 일을 처리하도록 생각과 자세를 바로 가다듬는 것이 무척 중요합니다.

세 번째 석공의 자세, 우리가 배울 만한 자세가 아닌가요? 사람은 그가 지니는 자세에 의해 모든 결과가 결정됩니다. 자세(attitude)가 100%라는 말은 알파벳의 순서를 숫자로 환산하여 더하면 100이 되어 생겨난 말입니다. 즉, 알파벳 순서상으로 a는 1, t는 20이라고 하여 계산하면 됩니다. 그만큼 자세가 중요하다는 말입니다. 삐딱한 신체적 자세는 신체의 불균형을 가져다주듯이 굴절된 마음의 자세, 세상을 어두운 자세로 보는 자세는 사물과 현상을 함께 굴절시킵니다.

"대저 그 마음의 생각이 어떠하면 그 위인도 그러한즉 그가 너더러 먹고 마시라 할지라도 그 마음은 너와 함께하시 아니함이라" (삼언 23:7)

겉으로 드러난 말만을 가지고 사람을 판단하면 그르치기 쉽다는 말입니다. 마음의 자세를 볼 수 있어야 한다는 뜻이겠지요. 그러나 분명한 것은 그 마음에 따라 언어가 결정됩니다.

성공에는 두 가지 수레바퀴가 있는데, 그 하나는 지식과 기술(탤런트)이라는 바퀴요, 다른 하나는 자세라는 바퀴입니다. 그런데 지식과 기술이 중요할 것 같지만 실제로는 그 영향력이 15%에 불과합니다. 85%가 자세에 의해 결정된다는 것입니다. 사업의 시작은 지식과 기술에 의존하는 바가 크지만, 실패에 대한 대처능력은 자세의 영역입니다. 그리고 사람에게 배려하고 좋은 관계를 유지하며 협력과 조화를 이루려는 부분은 모두 자세의 영역입니다. 그런 의미에서 '입사는 내 능력으로 하지만 성공은 다른 사람의 힘으로 하는 것' 이라는 얘기는 진실 중의 진실이라고 생각됩니다. 독불장군의 마음 자세로는 결코 성공하기가 쉽지 않다는 중요한 메시지입니다.

모든 사람에게 있어 인생이란 항상 좋은 시절만 있는 것이 아닙니다. 또한 그래서도 안 됩니다. 항상 좋은 날씨는 환경을 사막화시키듯이 늘 잘나가는 사람은 남을 배려하거나 감정의 소통을 하는데 어려움을 겪습니다. 때로는 궂은 날이 있어야 성장하고 좀 더 깊어지며 풍성해지는 것입니다. 그런데 문제는 궂은 날을 어떻게 바라보느냐 하는 것입니다. 바로 자세(태도)의 문제입니다.

"형통한 날에는 기뻐하고 곤고한 날에는 생각하라 하나님이 이 두 가지를 병행하게 하사 사람으로 그 장래 일을 능히 헤아려 알지 못하게 하셨느니라" (전도서 7:14)

역경의 상황, 어려움에 처한 상황에서는 분주하게 움직이거나 당황하여 펄쩍펄쩍 뛰기보다는 깊이 '생각하라' 는 말씀입니다.

"하나님께서 나에게 왜 이런 고난을 주실까? 과연 내가 하나님 앞에 잘못한 것이 무얼까?"

일전에 야간에 운전을 하다가 큰 사고를 당할 뻔한 적이 있습니다. 진입로를 잘못 알고 급커브를 돌다 생긴 일입니다. 정말로 위험한 상황에 처했었는데 제 몸은 머리털 하나 상하지 않았습니다. 순간적으로 겪은 일이라 차 안에서 한참을 멍하게 있었는데 정말 신기하고 놀랐습니다.

"아, 내가 온전하다니!"

그 사건을 계기로 생각한 것이 있습니다. 하나님께서는 내가 좀 더 낮아지기를 원하셨던 것입니다. 그리고 더 중요하고 가치 있는 것을 위하여 지금 집착하고 있는 것을 적당히 내려놓을 것을 원하셨던 것입니다. 나의 자세가 좀 변화되어야 한다는 메시지로 들렸습니다. 그날 이후 저는 생명의 문제는 전적으로 하나님의 영역임을 깨닫게 되었습니다. 하나님께서 이 순간에라도 나의 생명을 취하신다면 어쩔 수 없는 일이지요.

그런데 지식과 기술이 15%에 불과하다고 해서 그 가치를 낮게 보아서는 안 됩니다. 상호보완적이 되도록 해야 합니다. 지식과 기술이 부족한 열정(자세)은 오래 가지 못합니다. 맹목적인 발광이 되기 쉽습니다. 금방 식어버립니다. 그러나 열정이나 인간미 혹은 감사의 마음(자세)이 없는 지식과 기술은 너무나 건조해서 사람들이 싫어합니다.

"지식이 없는 소원은 선치 못하고 발이 급한 사람은 그릇하느니라"
(잠언 19:2)

지식이 없이 열정과 패기만 가지고는 한계가 있는 것을 경고하고 있습니다. 지식과 기술은 칼이요, 태도는 칼집입니다. 칼은 항상 날카롭게 갈아 두어야 합니다. 그래야 필요할 때 단칼에 원하는 물체를 베어낼 수 있습니다. 그러나 자칫 너절하고 낡은 칼집에 보관되어 있다면 칼끝이 앞으로 삐쳐 나와 남을 상해하기 쉽다는 사실을 명심하십시오.

"교만은 패망의 선봉이요 거만한 마음은 넘어짐의 앞잡이니라" (잠언 16:18)

"사람의 마음의 교만은 멸망의 선봉이요 겸손은 존귀의 앞잡이니라" (잠언 18:12)

앞의 예화에서 두 석공은 일이 힘들어지면 불평하고 쉽게 포기할 가능성이 높습니다. 그리고 좀 더 벌이가 나아보이는 일이 눈앞에 나타나면 그곳으로 옮겨갈 가능성이 큽니다. 그들이 원하는 것은 일 그 자체이며 먹고 살기 위한 수단에 불과하기 때문입니다. 그러나 중요한 것은 눈에 보이지 않는 것임을 기억하십시오.

다음 각각의 항목을 읽고 해당되는 정도에 따라 숫자를 적어 넣으십시오.

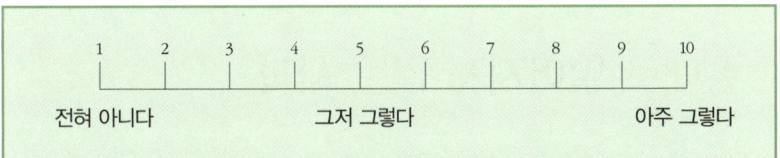

번호	항 목	평가 점수
1	나는 내가 취급하고 있는 일에 대해 충분한 지식을 가지고 있다.	
2	나는 매일 아침마다 하루를 감사하는 마음으로 시작한다.	
3	나는 세상의 변화와 트렌드에 대해 잘 알고 있다.	
4	나는 평소에 나 자신에 대해서 칭찬을 아끼지 않는다.	
5	나는 내가 하고 있는 일에 대한 개념을 조리있게 설명할 능력이 있다.	
6	나는 새로운 업무에 대해 늘 도전적인 자세를 가지고 있다.	
7	나는 지금까지 주어진 일을 실수없이 잘 수행해 왔다고 자부한다.	
8	나의 의견이 상대에게 받아들여지지 않거나 거절을 당해도 크게 감정적인 변화가 없다.	
9	나는 나의 일에 관한 한 전문가라고 자부한다.	
10	나는 항상 자신감에 넘치고 열정적으로 일을 한다는 말을 듣는다.	

		상대방에 대한 영향력(성과지수)		합계(A+B)
A:1,3,5,7,9번의 합		A. 지식, 기술	( )×0.15=	
B:2,4,6,8,10번의 합		B. 관계, 태도	( )×0.85=	

※ 80점 이상이면 다른 사람들에게 좋은 영향력을 끼칠 수 있는 리더십을 가지고 있다고 할 수 있습니다.

절대로 **떨어지지** 않는 **사과**

"종들아 두려워하고 떨며 성실한 마음으로 육체의 상전에게 순종하기를 그리스도께 하듯 하여 눈가림만 하여 사람을 기쁘게 하는 자처럼 하지 말고 그리스도의 종들처럼 마음으로 하나님의 뜻을 행하여 단 마음으로 섬기기를 주께 하듯 하고 사람들에게 하듯 하지 말라"
(에베소서 6:5-7)

일본의 아오모리현은 전형적인 농업지역인데, 일본에서 가장 큰 사과산지로도 유명합니다. 일본 전체 사과 생산량의 절반 이상을 차지할 정도로 사과는 이 지역의 주요 수입원이 되고 있습니다.

그런데 몇 해 전 이 지역에 큰 태풍이 불어 아오모리현의 사과 농사가 큰 피해를 입게 되었습니다. 나무에 달린 사과의 90%가 낙과하는 불행한 사태를 겪게 된 것입니다.

갑자기 닥친 재난에 사과재배 농민들은 절망할 수밖에 없었지만, 지혜를 모아 이를 훌륭하게 극복한 사례는 두고두고 많은 사람들의 뇌리에 남아 위기극복의 성공사례로 아직도 회자되고 있습니다.

극심한 태풍에도 떨어지지 않고 나무에 달려 있는 10%의 사과로 어떻게 손실을 만회할 수 있을지를 궁리하던 중, 사과를 생산 판매하는 시기와 학생들의 입시철이 거의 일치한다는 데 초점이 모아졌습니다. 표적시장이 입시를 앞둔 학생들이라고 정해지자 사과의 용도가 갑자기 달라져 보였던 것입니다. 심한 비바람에도 불구하고 떨어지지 않았다는 데서 착안하여, 사과를 좋은 포장지에 예쁘고 고급스럽게 포장하고, 포장지에는 다음과 같은 개념의 문구를 새겨 넣었습니다.

'절대로 떨어지지 않는 사과'

사과는 비싼 값에 날개가 돋친 듯 팔려 나갔고, 그 결과 손실의 90%를 회복하는 놀라운 성과를 거두었습니다. 바로 개념(concept)을 만들어내는 생각의 힘(thinking power)의 위력입니다. 생각은 가치(value)를 만들어내는 실체입니다. 그래서 사람은 생각의 크기 여하로 위대해질 수 있으니 존경받을 수 있는 것입니다. 그래서 생각의 날을 다듬는 일이란 정말 중요합니다.

어떤 일을 수행하는 데에도 동일한 법칙이 적용됩니다. 우리가 하는 작업의 성과를 변화시키지 못하는 이유 중 하나는 우리가 평소 하는 일(task)을 항상 '일'로만 바라보기 때문입니다.

우리는 일반적으로 자신의 일에 대한 개념규정(conceptualization)이 부족합니다. 그래서 힘이 없게 됩니다. 열정이 생기지 않습니다. 매년 그리고 매일에 큰 차이가 없습니다. 분명한 것은 인풋이 시원치 않으면 아웃풋도 시원치 않다는 것입니다.

예를 들어, 어떤 가정주부가 자신의 역할을 매일 밥하고, 설거지하고, 빨래하고, 청소하는 것으로 규정하고 있다면 그 가정주부는 평생을 그 일을 해야 된다는 생각 때문에 갈수록 자신이 초라하게 느껴지고 자신의 역할에 회의적이 될 수 있습니다. 그러면서 점차 자신의 정체성을 잃게 됩니다. 따라서 비범을 추구하기보다는 일상을 경영하려는 노력이 더욱 소중해지는 법입니다.

그런데 만일 그 주부가 자신의 일과 역할에 대한 개념을 '자신의 가문을 영광스럽게 하는 것' 혹은 '명문가로 만드는 것' 이라고 규정했다면 세상을 보는 눈이 달라집니다. 자신의 역할에 대한 시각이 전혀 다르게, 그리고 새롭게 다가옵니다. 그에게 있어 집안일이란 매일매일 반복적으로 수행되는 허드렛일이 아닙니다. 마치 평생 동안 이루어야 할 큰 과제, 즉 프로젝트의 일부를 수행해야 하는 것으로 생각할 것입니다. 거기에는 창조성이 있을 것이며, 오늘은 어제와 다른 하루일 것입니다.

예전에 그런 주부를 만난 적이 있습니다. 놀라운 열정과 관심과 헌신을 보고 대단히 감탄했습니다. 정말 멋진 여성입니다. 끝내 집안을 융성하게 하는 모습을 보고 많은 감동을 받았습니다.

개념(concept)이란 정신이고 힘이며, 열정을 생성시킵니다. 일을 단순히 일이 아니라 프로젝트(project)로 보는 자가 삶을 주도하고 자신의 미래를 변화시킵니다. 그리고 자신뿐만 아니라 환경을 주도합니다. 이런 태도야말로 일상을 경영하는 마음자세입니다. 이는 마치 컨설턴트가 사업체를 대상으로 어떻게 하면 현재보다 매출을 더 높이고, 수익률을 높일까를 고민하고 답을 찾아가는 프로젝트 수행과정과 비슷하다는 뜻에서 일을 프로젝트화 한다는 표현을 씁니다.

너무나 평범하고 흔한 직업을 가지고 다시 이야기를 전개해볼까 합니다. 여러분이 잘 아시는 자장면 배달원의 예를 들어 볼까요? 그들의 직무는 너무나 뻔합니다. 그의 일은 근본적으로 자장면을 배달하는 것입니다. 배달을 하되 정확하고 빠르게 배달해야 합니다. 그리고 당연히 배달을 한 후에 음식값을 제대로 받아야겠지요? 그것만 가지고 되겠습니까? 그릇도 수거해야 합니다. 그리고 식당 내부를 깨끗이 청소해야 합니다. 그의 주요 직무는 이렇게 크게 네 가지로 분류할 수 있을 것입니다. 이것만 잘하면 그는 주인에게 월급을 받을 수는 있습니다. 그러나 주인에게 정말 대단하다고 인정을 받을 수는 없습니다. 월급을 받기 위해서 그 정도는 누구나 해야 하는 것이기 때문입니다. 이런 일처리 방식을 가리켜 완벽한(perfect) 방식이라고 합니다. 즉, 주어진 일을 바르게 처리하는 사고방식(Do Things Right)입니다. 완벽히면 되었지, 그런데 뭐가 문제란 말입니까?

자, 이제 관점을 바꾸어 생각해봅시다. 일전에 사무실 레이아웃을 변경하다가 재미있는 사실을 발견하고는 혼자 웃은 적이 있습니다. 내 책상서랍에 이쑤시개 박스가 10개 정도 쌓여 있는 것입니다. 사무실에서 일을 하고 있으면 가끔 누군가가 노크를 하고 들어오는 경우가 있는데, 중국음식점에서 오는 경우가 가장 많습니다. 그런데 아쉬운 것은 거의 모든 사람이 똑 같은 판촉물(메뉴판+이쑤시개)을 주고 갑니다. 버리기 아까워 그냥 서랍에 넣어둔다는 게 그렇게 쌓이게 된 것입니다.

 판촉물을 고객 관점에서 제공할 수는 없는 것일까요? 먼저 자장면을 주문하는 주요 고객들을 생각해보는 것이 중요합니다. 즉, 팔기 전에 팔릴 것을 먼저 생각하는 이른바 고객지향적인 사고를 가져야겠지요. 평소에 작은 사무실에서 일어나는 광경을 생각해 봅시다. 어느 날 바빠서 자장면으로 점심을 대신해야 하겠다고 하는 사람은 사장이지만, 실제로 주문을 담당하는 사람은 총무나 경리를 담당하는 여직원이라는 사실에 눈을 돌려야 합니다. 그렇다면 판촉물의 유형이 달라져야 하지 않겠습니까? 메뉴판을 건넬 때 전화번호가 새겨져 있는 포스트잇을 전달하든지 혹은 가끔은 스타킹을 건네야 맞는 것이지요.

 그리고 중국음식점을 찾는 사람들이 항상 갈등하는 것이 있습니다. "자장면을 먹을까, 짬뽕을 먹을까" 하는 것입니다. 이런 욕구에 맞추어 자장면을 주문한 손님에게는 짬뽕국물을 곁들여 갖다 주는 것입니다. 또한 탕수육을 주문한 손님에게는 음료수 한 병 정도는 서비스할 수도 있는 것 아니겠습니까? 그리고 음식점에 오는 손님의 특성을 메모해둡니다. 김치를 더 좋아하는 사람, 단무지를 더 좋아하는 사람, 양파에 식초를 쳐서 먹기를 좋아하는 사람 등등 고객의 특성을 메모해 두었다가 원하는 것을 적극적으로 제공해보십시오.

 이렇게 하는 것이 바로 일을 프로젝트화 하는 방식이요, 일을 탁월하게(excellent) 처리하는 자세입니다. 바른 일을 처리할 수 있어야 합니다. 그저 좋은(good) 일처리 방식을 넘어 탁월한(great) 방식으로 가고자 해야 한다는 말입니다. "Good to Great" 입니다.

일을 완벽하게 처리하는 사람의 수첩에는 항상 목록 중심(to do list)으로 메모가 되어 있는 게 일반적입니다. 그러나 탁월하게(excellent) 처리하는 사람의 수첩에는 성과 중심(목표 중심)으로 기록되어 있다는 사실을 알아야 합니다. 이러한 일처리 방식은 실험이 가능합니다. 일을 연구하게 되며, 발전 지향적입니다.

아마도 요셉의 일처리 방식이 그렇지 않았을까 생각해봅니다.

"요셉이 그 주인에게 은혜를 입어 섬기매 그가 요셉으로 가정 총무를 삼고 자기 소유를 다 그 손에 위임하니" (창세기 39:4)

"전옥이 옥중 죄수를 다 요셉의 손에 맡기므로 그 제반 사무를 요셉이 처리하고 전옥은 그의 손에 맡긴 것을 무엇이든지 돌아보지 아니 하였으니 이는 여호와께서 요셉과 함께 하심이라 여호와께서 그의 범사에 형통케 하셨더라" (창세기 39:22-23)

바로의 신하 시위대장 보디발의 집에서 가정 총무로서 그의 역할을 감당할 때나, 보디발의 아내의 모함을 받아 감옥에 갇힌 후 옥중 사무를 담당할 때나 그의 일처리 방식은 오직 하나 '모든 일을 주께 대하듯'이라는 사실을 알 수 있습니다. 이것이 바로 우리의 일을 하나의 중요한 프로젝트처럼 여기고 수행하는 최선의 방식이 아니겠습니까?

"무슨 일을 하든지 마음을 다하여 주께 하듯 하고 사람에게 하듯 하지 말라" (골로새서 3:22-23)

눈치를 보면서, 또는 요령을 피우면서 일을 해서는 안 된다는 뜻이겠지요. 적어도 믿음의 자녀들은 사장이나 상사가 있으나 없으나, 사장이 잠시 외출을 하든 해외에 장기출장을 가든 일을 대하는 태도에 변함이 있어서는 안 됩니다. 사장은 우리가 하는 일을 보지 못할 수는 있겠으나 하나님은 언제나 보고 계시기 때문입니다. 일이 지겹고 재미없는 사람들은 대부분 일을 일로만 보았지 프로젝트로 보는 눈이 부족하기 때문이라는 사실을 이해한다면 이제부터라도 일을 보는 패러다임을 바꿔보시는 게 어떨까요?

어떤 **어부**와 **여행자**

"우리가 애굽에서 당신에게 고한 말이 이것이 아니뇨 이르기를 우리를 버려두라 우리가 애굽 사람을 섬길 것이라 하지 아니하더뇨 애굽 사람을 섬기는 것이 광야에서 죽는 것보다 낫겠노라" (출애굽기 14:12)

이스라엘 백성들의 출애굽 여정 중 홍해를 건너기 직전 바닷가에 상막을 치고 있있는데, 애굽왕 바로가 특별 병기(兵車) 육백 승과 애굽의 모든 병거와 장관들을 모두 거느리고 자기들을 치기 위하여 가까이 당도했다는 소식에 두려움에 떨며 모세에게 불평하는 장면입니다.

이들은 바로 얼마 전까지 하나님의 능력을 체험한 사람들입니다. 애굽에서 나오기 직전에는 바로에게 내린 열 가지 재앙을 보았으며, 광야에서는 낮에는 구름기둥과 밤에는 불기둥으로 자신들을 지키는 하나님의 능력을 체험한 사람들이란 말입니다. 그런데도 그들은 임박한 위기 앞에 두려워 떨고 있는 것입니다. 이게 오늘날 우리의 모습이기도 하다는데 주목해야 합니다.

어떤 여행자가 바닷가를 거닐다가 고기를 낚고 있는 한 어부를 만났습니다. 무심코 어부의 모습을 구경하고 있던 여행자는 이상한 광경을 목격하였습니다. 어부는 물고기를 낚아 올릴 때마다 자로 재고는 큰 물고기는 바다에 던지고, 대신 작은 물고기를 바구니에 담는 것이었습니다. 그런 일이 여러 번 반복되자 의아스러운 나머지 여행자가 어부에게 왜 그런지를 물었습니다.

그런데 가지고 있는 자를 보여 주면서 어부가 다음과 같이 대답했습니다.

"저의 집의 프라이팬의 크기가 10인치 밖에 안 되거든요. 그래서 10인치가 넘는 물고기는 요리하기가 어려워 다시 바다에 던져 넣고 10인치가 안 되는 물고기만 바구니에 집어넣고 있지요."

어이없는 일이지만 사실 평상시 우리 모습이 어부의 모습과 영락없이 닮아 있다는 생각이 들지 않습니까? 이런 현상을 심리학적으로 해석한 것이 바로 자기 제한적 신념(self-limited belief)입니다. 훨씬 보람 있고 큰일을 할 수 있는 역량이 내면에 있음에도 불구하고 자기 스스로 능력을 낮게 재단하여 자신을 보잘 것 없이 취급함으로써 최선의 삶을 살아내지 못하는 경우가 바로 그렇습니다. 바로 한 달란트짜리 사고입니다.

어부가 해결해야 할 과제는 무엇입니까? 좀 더 큰 프라이팬으로 교체하는 것입니다. 예화에서 프라이팬의 크기란 바로 우리 생각(사고)의 크기요, 물고기는 바로 기회를 의미합니다. 좀 더 큰 기회를 얻기 위해서는 우리의 생각의 크기를 바꾸어야 한다는 의미입니다. 그런데 많은 경우 우리는 작은 프라이팬을 열심히 닦는 데 많은 시간과 에너지를 쓰면서 새로운 기회가 오기를 기다리고 있지는 않은지 생각해봐야 합니다.

"그런즉 누구든지 그리스도 안에 있으면 새로운 피조물이라 이전 것은 지나갔으니 보라 새 것이 되었도다" (고린도후서 5:17)

새로운 세계를 보는 방법은 자신의 머릿속에 입력된 프로그램을 바꾸는 방법 이외에 다른 방법이 없습니다. 이를 두고 리프레임(reframe)이라고 합니다. 검정색 리본 하나 차이로 액자의 사진이 영정도 되고 아름다운 미소를 짓는 살아있는 사진이 되기도 한다는 얘기지요.

자, 이제 당신 옆에 있는 누군가에게 아래에 수직으로 나열되어 있는 십진수를 모두 가린 다음, 위에서부터 하나씩 내려가면서 보여주고 계속 합산하도록 하여 보십시오.

1000
30
1000
40
1000
20
1000
10

"천, 천삼십…, 이런 식으로 말입니다."

암산으로 하되, 합산되는 숫자는 소리 내어 말하도록 하십시오. 마지막 숫자(10)까지는 보여주지 말고 좀 더 빠른 속도로 말할 수 있도록 몇 번 반복하도록 하십시오.

어느 정도 상대방이 위의 숫자에 익숙해졌다고

판단되면 마지막 숫자⑩까지 모두 보여 주도록 하십시오. 그가 뭐라고 대답합니까? 실제는 4100인데도 불구하고 거의 모든 사람이 5000이라고 합니다. 과거에 경험한 이미지가 어떤 사건이나 현상을 판단하는데 영향을 미치고 있기 때문입니다. 즉, 한 칸 건널 때마다 천의 단위가 바뀐다는 사실에 우리가 익숙해진 결과입니다.

이렇게 해서 만들어진 것이 바로 패러다임(사고의 지도, 생각하는 방식)입니다. 우리가 지금 생각하고 어떤 사건을 해석하며 판단하는 모든 것들은 그 동안 내가 만들어놓은 패러다임에 근거한 것들입니다. 개인의 패러다임은 흔히 그 사람이 처해 있는 환경이나 학습한 내용과 정도에 따라 결정됩니다. 그래서 인간은 특별한 경우를 제외하고는 자신의 경험과 학습의 범위를 넘지 못합니다. 그것들에 의해서 생각이 결정되고 언어의 스타일이 정해집니다.

상대방과 얘기를 할 때 서로 말이 잘 통하지 않아 답답한 경우를 종종 경험하게 되는 데, 바로 각자의 사고의 지도를 가지고 얘기를 전개해나가고 있기 때문입니다. 흔히 세대차(generation gap)라는 것도 일종의 그런 것입니다. 그래서 인간은 자신의 경험과 지식의 한계를 결코 넘을 수 없는 존재인가 봅니다.

그러므로 좀 더 진보된 패러다임을 갖고자 원한다면 귀와 마음과 두뇌를 열어 놓는 것이 필요합니다. 그래야만 새로운 세상을 바라볼 수 있는 기회를 얻게 됩니다. 우리가 가지고 있는 기존의 패러다임을 새 것으로 교체하는 작업이 절실한 시기인 것 같습니다.

"그들에게 이르되 우리가 애굽 땅에서 고기 가마 곁에 앉았던 때와 떡을 배불리 먹던 때에 여호와의 손에 죽었더면 좋았을 것을 너희가 이 광야로 우리를 인도하여 내어 이 온 회중으로 주려 죽게 하는구나"
(출애굽기 16:3)

하나님의 능력으로 홍해를 건넌 백성들치고는 너무나 변덕이 심하다는 생각이 들지 않습니까? 이제는 배고프다고 아우성입니다. 초기에 보무도 당당한 모습은 찾을래야 찾을 수가 없습니다.

광야를 지나면서 먹을 것과 마실 물이 부족해지자 지도자 모세와 아론을 향하여 던지는 원망과 불평의 한 장면입니다. 전혀 훈련이 되지 않은 백성들의 모습처럼 보이지 않습니까? 조금 힘드니까 하나님을 원망합니다. 옛날 자유는 없었지만 그래도 끼니를 거르지 않고 살았던 세월을 그리워하며 눈물을 흘립니다. 못살겠다고 아우성입니다. 미래를 붙잡지 못할 때 과거가 나를 잡습니다. 그게 바로 노쇠해지는 중세임을 명심하십시오.

저도 그런 적이 있습니다. 잘 나가던 직장을 어느 날 그만두고 혼자서 여러 가지 일들을 처리는 해야 하고 벌이는 시원치 않고 함께 했던 동료들과는 만나기가 어려워지니 옛날로 돌아가고 싶어 한 적도 많았습니다. 반드시 성공하리라고 결심하고 나왔지만 인간인지라, "내가 왜 이러고 있지? 괜한 고생하는구나" 하는 후회도 없지 않았습니다. 그때마다 이스라엘 백성들의 모습이 머리에 떠올랐습니다.

"이래선 안 되지. 아무리 과거에 껴안고 지내던 기름 가마솥이 좋다고 한들 장차 나에게 주어질 가나안 땅만 하겠는가?"

"생베 조각을 낡은 옷에 붙이는 자가 없나니 이는 기운 것이 그 옷을 당기어 해어짐이 더하게 됨이요 새 포도주를 낡은 가죽 부대에 넣지 아니하나니 그렇게 하면 부대가 터져 포도주도 쏟아지고 부대도 버리게 됨이라 새 포도주는 새 부대에 넣어야 둘이 다 보전되느니라"
(마태복음 9:16-17)

새로운 세계에 들어가고, 새로운 것을 얻기 위해서는 새로운 생각과 행동이 필요한데 사람들은 옛 것에 집착하거나 거기로 다시 돌아가고 싶어 합니다. 대책 없는 회귀본능입니다. 고향을 떠나온 사람이 현재의 삶이 고달프다는 이유로 막연하게 고향을 그리워하고 돌아가면 뭔가 좋은 일이 있을 것만 같은 마음입니다. 그에게 이제는 더 이상 희망도 도전의식이고 뭐고 없습니다. 변화란 살기 위해 하는 것인데, 변화하면 꼭 죽을 것 같다는 생각에 사로잡혀 있는 것이 문제입니다.

일전에 우리나라 상류층 553명을 설문조사한 결과를 경제지에서 크게 다룬 적이 있었는데, 거기에 눈에 띄는 대목이 있어 소개해봅니다. 자신의 가장 큰 경쟁력을 '도전정신과 혁신적 사고' 라고 응답한 사람의 비중이 무려 54%(도전정신 29.3%, 혁신적 사고 24.9%)가 넘었습니다. 그리고 또 평범한 사람들의 예상을 뛰어 넘는 하나의 메시지가 있습니다. '부자는 운(33%)이 아니라 노력(67%)이다' 라는 것입니다. 다른 사람이 어떻게 보든 그들은 그들 나름대로 열심히 성실하게 노력을 기울이고 있다는 뜻입니다.

저는 끝내 애굽으로 돌아가지 아니하였고, 광야를 지나 가나안으로 계속해서 행진하는 길을 택했습니다. 아직도 저의 여정은 끝나지 않았지만 즐거운 마음으로, 그리고 매일매일 새롭고 도전하는 마음으로 그 길을 걸어가고 있습니다.

지(知), 호(好), 락(樂)

"주 안에서 항상 기뻐하라 내가 다시 말하노니 기뻐하라" (빌립보서 4:4)

"잘하는 것은 좋아하는 것만 못하고, 좋아하는 것은 즐거운 것만 못하다."

공자의 〈논어〉에 나오는 말입니다.

프로와 아마추어의 차이는 무엇일까요? 그리고 당신은 프로입니까, 아니면 포로입니까? "전쟁 중인 상황도 아닌데 웬 포로?" 라고 말하는 사람도 있을 수 있겠지요. 그렇다면 포로의 특성을 하나씩 열거해볼까요?

- 시키는 일만 한다.
- 불평불만이 많다.

- 화를 잘 낸다.
- 자주 싸운다.
- 나가서 별로 할 일도 없으면서 빨리 나가고 싶어 한다.

다섯 가지 중 하나라도 자신에게 해당되는 것이 있으면 그 사람은 이미 포로생활을 하고 있다고 생각해도 좋습니다. 왜냐구요? 이 다섯 가지를 종합하면 '즐거움이 없다' 는 것이 됩니다. 즐겁지 않다는 것은 이미 그것에 사로잡혀 있다는 증거이기도 합니다. 즉, 일을 프로젝트화 하는 사람들은 대체적으로 일을 즐겁게 처리하고자 하는 열망이 강한 반면, 일을 일로만 보는 사람은 포로가 되기 쉽습니다.

몇 가지 예를 통하여 우리의 자세와 비교해 보기로 합시다. 복권을 사는 사람들이 많습니다. 어떤 때는 열풍을 넘어 광풍이 되었던 적도 있었습니다. 일종의 레저라고 애써 개념규정을 하고 있긴 하지만 레저라고 보기에는 투기성이 너무 강한 느낌입니다. 복권은 대체로 가난한 사람들이 삽니다. 되기만 한다면 가장 짧은 시간에 신분상승을 도모할 수 있는 유일한 수단이기 때문입니다. 그런데 되는 사람이 너무 적은 게 문제입니다. 복권은 빈자(가난한 사람)의 세금이란 말이 그래서 나온 말이 아닌가 싶습니다. 그럴 듯하게 들립니다.

참고로, 고액당첨이 된 사람들의 10년 후 모습을 추적해보았더니 85% 정도가 당첨 전보다 훨씬 불행한 삶을 살고 있다고 합니다. 돈을 담을 그릇이 안 된 사람에게 쥐어지는 거금은 독약이 될 뿐입니다. 돈보다는 먼저 돈을 담을 생각의 그릇을 키울 일입니다.

그런데 복권을 떠올릴 때마다 대단한 한 아주머니의 고객만족을 통한 복권판매 사례가 떠오릅니다. 복권의 판매액을 높일 수 있는 방법을 생각해 보십시오. 마땅한 대안이 있을 것 같지가 않습니다. 물론 당첨금을 높이는 것으로 사람들의 관심을 불러일으킬 수는 있으나, 그건 모든 복권판매자들에게 공통적으로 주어지는 요소일 뿐 개별 복권판매점의 경쟁력이 될 수는 없습니다. 당첨률을 컨트롤할 수 없는 조건이라면 도대체가 차별화할 수 있는 여지는 없을 것 같습니다.

그러나 있습니다. 그 아주머니의 판매 태도는 감동으로 우리를 전율케 합니다. 사람들이 무엇을 원하는지 관심을 갖고 생각하고, 그 방향으로 일을 수행하는 것은 성공의 지름길입니다. 그래서 마케팅이란 상대가 원하는 것을 포착하여 상대가 원하는 방식으로 자신을 표현하는 것이라고 정의합니다.

복권을 사는 사람들의 관심사는 단 하나, 당첨입니다. 그것도 큰 금액으로 당첨되는 것입니다. 그러나 그것은 컨트롤할 수 있는 영역이 아님을 사람들은 잘 알고 있습니다. 그리고 그런 요행을 위하여 복권 구매자가 소원을 빈다는 것도 어쩐지 이상합니다.

그러나 거기에 판매자의 판매 포인트가 있습니다. 그 아주머니는 자신의 복권 판매대를 투명하게 하여 내부가 훤히 들여다보이게 만들어 놓았습니다. 밖에 있는 사람이 쉽게 자신을 볼 수 있도록 꾸며 놓은 것입니다.

"자, 이제 어떻게 복권을 내어 줄까?"

복권을 전해 주기 전에 그걸 붙들고 10초 동안 기도를 합니다. 놀라운 발상입니다. 당신은 어느 복권 판매대를 선택하고 싶습니까? 순간

관리(management of moment)를 잘하는 사람이 성공할 가능성이 높다는데, 15초의 진실의 순간에 모든 것이 결정되는 놀라운 원리입니다. 과거 스칸디나비아 항공을 회생시킨 얀 칼슨 회장의 전략이 바로 이랬습니다.

또 다른 하나의 예를 통하여 우리의 가능성을 탐색해 보도록 하겠습니다. 당신이 만일 개인택시 운전기사라면 어떤 방법으로 부가가치를 올리고 싶습니까? 택시요금만으로 부가가치를 높이는 것은 한계가 있을 것입니다. 택시운행 시간과 수입은 늘 비례하기 마련이기 때문이지요.

그런데 콜택시 기사 K씨의 생각은 좀 다릅니다. 긍정적인 생각으로 현상을 보면 길이 보입니다. 생각이 열리기 때문입니다. 이러한 법칙을 GIGG(Good In Good Grow)라고 합니다. 부정적인 생각은 계속해서 부정적인 생각을 낳는 것처럼 긍정적인 생각도 역시 증폭하는 특성이 있습니다. 택시운전자의 소득은 택시요금 밖에 없다고 생각하면 아무런 아이디어가 떠오르지 않지만 소득을 올릴 수 있는 방법을 찾으면 있을 수 있다는 생각을 하는 순간 두뇌가 긍정적인 방향으로 작동하는 것입니다.

먼저 그는 택시 내부를 고객 서비스를 좀 더 잘 할 수 있도록 꾸며 놓았습니다. 그래봤자 아주 간단한 것이지요. 커피 등 음료 등을 공급하거나 신문을 넣을 수 있는 공간 정도를 마련한 것에 불과합니다.

손님을 기다릴 때 그는 차 안에 편안히 앉아 있는 법이 없습니다. 항상 밖에서 대기합니다. 손님을 대하는 최소한의 예의라는 생각에서 그는 그렇게 합니다. 손님이 다가오면 아주 정중하게 모자를 벗고 인사를 합니다. 미리 예약된 손님에게는 이름을 부르면서 인사를 합니다.

"김ㅇㅇ 선생님, 안녕하십니까? 모시게 되어 영광입니다."

문을 열어 손님을 차 안으로 모신 후 그가 탑니다. 그 다음 목적지까지 가는 과정이 가히 감동적입니다.

"음료수가 준비되어 있는데 좀 드시겠습니까? 커피, 홍차, 녹차 중에 원하시는 것을 드실 수 있습니다."

기가 찰 노릇이다. 택시 안에 음료라니!

"신문을 보시겠습니까?"

"음악을 들려드릴까요? 어떤 음악을 좋아하십니까? 원하시는 대로 틀어 드리겠습니다."

"대화를 원하신다면 말벗을 해드리겠습니다."

세상에! 이게 도대체 택시인가, 고급 리무진인가? 이 택시를 이용한 손님이 만일 당신이라면 택시 요금만 내고 사라지는 멋없는 신사 혹은 숙녀로 남길 원하십니까? 어떤 때는 이 택시 기사의 수입이 택시 요금보다 손님들이 감동해서 제공하는 팁이 더 많다는 사실에 이르면 입이 다물어지지 않습니다.

Think and Grow Rich!(생각하라, 그러면 부자가 될 것이다!)

"대저 여호와는 지혜를 주시며 지식과 명철을 그 입에서 내심이며 그는 정직한 자를 위하여 완전한 지혜를 예비하시며 행실이 온전한 자에게 방패가 되시나니" (잠언 2:6-7)

언젠가 세계적인 발레리나 강수진 씨의 발가락이 온통 뭉그러지고 못이 박힌 모습과 축구선수 박지성 선수의 뭉그러지고 휘어진 발을 사진으로 본 적이 있습니다. '프로의 세계는 과연 다르긴 다르구나' 하는 측은한 생각보다는 연습에 즐거움이 없었다면 과연 견뎌낼 수 있었을까 하는 생각이 들었습니다.

말단 직원에서 CEO까지 오른 사람들의 말을 들어 봐도 얘기는 똑같습니다.

"즐겁게 하다 보니 여기까지 왔습니다."

'제업 즉 수행(諸業卽修行)' 이라는 말이 있습니다. 하기에 따라 모든 일의 과정이 수행이 될 수 있다는 뜻입니다. 그렇습니다. 성공의 비결은 직업(vocation)을 휴가(vacation)로 만드는 것입니다. 거둘 때만 즐거운 것이 아니라, 뿌릴 때도 즐거운 마음으로 뿌리는 자세가 곧 성공적인 자세라고 할 수 있습니다.

프로들의 세계를 생각할 때 굳이 스포츠나 예술 혹은 기업경영 분야만을 떠올릴 필요는 없습니다. 우리같이 평범한 보통사람들이 프로가 된 모습을 보는 것, 더 나아가 자신이 프로가 되려고 애써 노력하는 것은 더욱 감동적일 수 있습니다. 앞에서 언급한 적이 있는 '일을 프로젝트화 하라' 는 의미는 그 일에 프로가 된다는 차원과 깊은 관계가 있음을 알 수 있습니다.

탁월한 **리더**의 조건, **독서**

TV 시청하는 데 15.4시간

라디오를 청취하는 데 3시간

인터넷 사용하는 데 9.6시간

책을 읽는 데 3.1시간

이 통계는 미국의 시장조사기관인 NPO 월드가 2007년 12월부터 약 3개월 동안 세계 30개국의 3만 명을 대상으로, 지식과 정보를 얻는 수단으로써 주당 매체 이용시간을 조사하여 발표한 자료 중 한국인에 대한 자료입니다. 특히, 조사대상 국가들과 독서시간을 대조해보면 우리나라 사람들의 독서시간의 위상을 대강 짐작할 수 있을 것입니다.

30개 국가 중 책을 읽는데 사용하는 시간에서 한국인은 30위, 즉 꼴찌를 면치 못하고 있습니다. 세계 13위권에 속하는 경제대국이라고 자처하는 우리의 부끄러운 자화상이라고 할 만합니다. 신문이나 기타

〈세계 각국의 주당 독서 시간(모든 읽을거리 포함)〉

읽을거리가 포함된 시간이라 더욱 난감합니다. 세계 평균 독서시간인 6.5시간의 절반에도 미치지 못하는 수준입니다. TV 시청시간 중에 일부만이라도 독서하는 데 할애한다면 이렇지는 않을 텐데 하는 아쉬움이 큽니다.

이 조사에서 미국은 5.7시간, 일본은 4.1시간을 기록하고 있습니다. 문명의 혜택이 많을수록 읽을거리와는 멀어지고 있음을 알 수 있습니다.

일반적으로 동서양을 막론하고 TV나 라디오를 들으면서 휴식시간을 보내는 비중이 절대적으로 큰 것이 사실입니다. 반면에 뭔가를 읽으면서 보내는 시간은 고작 한 시간도 안 되는 것이 현실입니다.

여기 놀라운 통계가 또 하나 있습니다. 미국의 경우, 고등학교 졸업자들 중에는 졸업 후에 책을 한 권도 안 읽은 사람이 무려 37%나 된다고 합니다. 선진국인 미국의 통계가 이런데 우리나라가 이보다 나을 가능성은 없어 보입니다. 더군다나 컴퓨터를 포함한 멀티미디어의 보급이 확산되면서 책을 읽으면서 보내는 시간은 갈수록 줄어들지 않을까 염려됩니다.

일전에 한 주간저널에 소개된 '미래 한국을 이끌 차세대 리더'에 관한 기획기사를 본 적이 있습니다. 17명의 젊고 유능한 리더들이 소개

되었는데 두 가지 공통점이 있습니다. 첫째는 한두 개의 외국어에 모두 능통하다는 것이요, 둘째는 독서광이라는 겁니다.

All Leaders are Readers(모든 리더는 독서가이다)라는 말이 분명 맞습니다. '모든 독서가가 다 지도자는 아니지만 그러나 모든 지도자는 반드시 독서가여야 한다'는 해리 트루먼(미국의 33대 대통령)의 말에 전적으로 동의합니다. 특히, 지식 정보화 시대의 리더는 산업사회의 리더와는 근본적으로 그 요건이 달라야 하는데 그게 바로 독서력입니다. 정보화 시대는 상호 커뮤니케이션이 산업사회보다 더 필요합니다. 그래서 지식이 더 필요합니다. 알아야 참여할 수 있기 때문입니다.

독서를 해야 하는 또 다른 이유는 우리의 소득과 직결되기 때문입니다. 정보와 지식의 차이가 곧 부(富)의 크기를 결정한다는 사실을 아십니까? 어휘력과 소득이 비례한다는 사실을 알아야 합니다. 즉, 단순 반복적인 일상의 언어만을 구사하는 사람은 소득도 그 수준입니다. 어떤 분야에 대한 지식과 기술이 충분하여 소득이 높다는 것은 해당 분야에 대한 전문용어를 많이 안다는 뜻입니다.

일반적으로 경영자들을 포함하여 바쁜 사람들이 더 책을 많이 읽습니다. 그래서 부자는 더 크게 부자가 되는 데 가난한 사람들 혹은 시간이 넉넉한 사람들이 더 책을 안 읽습니다. 아이러니한 일입니다.

세계적인 경영 컨설턴트인 톰 피터스는 "공부벌레를 비웃지 마라. 언젠가는 그 사람 밑에서 일할 날이 올 것이다"라는 메시지로 우리에게 오늘날 지식과 정보의 중요성을 역설하고 있습니다.

자신이 맡고 있는 분야의 전문지식을 쌓기 위한 지식뿐만 아니라 기본적인 교양 혹은 인간관계 커뮤니케이션 능력을 향상시킬 수 있는 분야, 그리고 미래에 대한 통찰력을 가질 수 있는 책들을 읽어야 합니다.

좀 더 나은 배움을 위해 적극적으로 세미나에 참석할 것도 강권합니다. 간혹 세미나를 주관하다보면 학습을 무슨 유희처럼 생각하고 휴식을 목적으로 참석하는 사람들을 대하게 됩니다. 그렇지만 실제로 학습은 노동처럼 해야 하는 것입니다. 땀을 흘리면서, 어떤 때는 머리를 싸매고 해야 함에도 불구하고 너무나 가볍게 여기는 것은 매우 유감스런 일입니다.

책을 읽고, 적극적으로 세미나 등에 참여함으로써 우리에게 새로운 패러다임에 대한 적응력이 생기며, 미래의 새로운 기회를 발견하기 위한 첫 번째 행동은 책을 읽는 것입니다.

"Think and Grow Rich!(생각하라 그러면 부유해질 것이다!)" 라는 말이 있습니다. 그런데 생각의 차원을 높이는 방법은 그냥 되는 것이 아닙니다. 우리가 산속에서 도(道)를 닦는 사람 같으면 자연 속에서 책이 없이 학습하니 생각(Think)할 수도 있지만 어쨌든 우리는 대부분 생활인이라는 테두리를 벗어날 수가 없습니다. 그래서 가장 안전하고 적절한 방법으로써 읽기(Read)를 택할 수밖에 없습니다. 그런 의미에서 Think and Grow Rich는 Read and Grow Rich와 상통하는 것입니다. 읽으십시오. 그러면 부자가 될 것입니다. 우리같이 평범한 사람들이 자신의 브랜드 가치를 높일 수 있는 가장 좋은 길은 바로 독서입니다.

성인들에게 "중·고등학교 시절로 다시 돌아간다면 가장 하고 싶은 일은 무엇인가?" 라는 설문결과를 본 적이 있습니다. 약 70%의 응답자들이 "공부를 하고 싶다" 라고 응답했습니다. 그 공부 지금 하시지요. 늦었다고 생각하는 때가 가장 이른 때라고 하지 않습니까?

일전에 세계적인 미래학자 앨빈 토플러가 한국에 왔을 때 우리나라 청소년들에게 전한 독서의 중요성을 강조한 메시지 내용을 여기에 소개해 봅니다.

"나는 독서 기계다. 화장실에서도 독서를 한다. 미래에 대해 상상하기 위해서는 독서만큼 유용한 방법은 없다. 저자가 오랜 세월을 바쳐 연구한 것을 짧은 시간에 자신의 것으로 만들 수 있는 효과적인 방법이기 때문이다. 나는 신문 중독자라고 할 정도로 신문을 열심히, 그리고 꼼꼼히 본다. 매일 아침 신문을 보느라 손끝이 새까매질 정도다. 독서는 미래를 지배하는 힘과 커뮤니케이션 하는 능력을 길러준다. 미래를 예견할 수 있도록 해준다. 어떤 직업을 선택하든 꾸준한 독서를 통해 지식습득을 게을리 하지 마라."

"독서에 답이 있다" 라는 석학의 말을 믿고 오늘도 나는 지하철에서 책을 읽습니다.

당신의 **언어**를 **경영**하라

"내가 어렸을 때에는 말하는 것이 어린아이와 같고 깨닫는 것이 어린아이와 같고 생각하는 것이 어린아이와 같다가 장성한 사람이 되어서는 어린아이의 일을 버렸노라" (고린도전서 13:11)

"입에서 나오는 것들은 마음에서 나오나니 이것이야말로 사람을 더럽게 하느니라 마음에서 나오는 것은 악한 생각과 살인과 간음과 음란과 도적질과 거짓 증거와 훼방이니 이런 것들이 사람을 더럽게 하는 것이요 씻지 않은 손으로 먹는 것은 사람을 더럽게 하지 못하느니라" (마태복음 15:18-20)

성경에는 우리가 언어생활을 어떻게 해야 하는지에 대한 메시지가 참으로 많습니다. 많이 언급하고 있다는 것은 그 만큼 중요한 것이기 때문이 아니겠습니까? 공부가 중요하기 때문에 부모가 자식에게 틈나는 대로 '공부하라, 공부하라' 하는 것과 같은 이치입니다.

언어생활을 성경에서 이토록 중요하게 다루는 이유가 있습니다. 언어란 곧 그 사람의 내면을 담는 그릇이기 때문입니다. 그릇의 형태에 따라 내용물의 형태가 결정되듯 말을 하는 모양을 보면 그 사람의 생각과 지혜의 깊이를 알 수 있습니다.

말이 중요한 이유는 오늘날은 관계가 곧 힘이 되는 시대이며, 관계를 이루는 매개체의 대부분이 언어이기 때문입니다. 우리가 어렸을 때에는 당연히 유치한 말을 쓸 수밖에 없으나 어른이 되어서도 역시 어린아이의 말을 버리지 못하는 사람들을 만날 때마다 안타까운 마음이 들 때가 가끔 있습니다. 그런 의미에서 언어 또한 분명히 경영의 대상입니다.

"명철한 사람의 입의 말은 깊은 물과 같고 지혜의 샘은 솟쳐 흐르는 내와 같으니라" (잠언 18:4)

칼 막스는 〈자본론〉을 저술하기 위하여 런던의 도서관에서 5년을 보냈습니다. 그에게는 세 명의 자녀가 있었는데, 안타깝게도 그 동안 모두 기관지염과 폐렴으로 사망했습니다. 장례를 치러야 하는 데 가진 돈이 없었습니다. 하는 수 없이 장의사에게 외상을 요청했으나 거절당했습니다. 칼 막스가 분개하면서 내뱉은 말, "이 놈의 자본주의 때문에 내가 이런 꼴이 됐다!"

정말 그렇습니까? 자본주의 때문에 그의 신세가 그 지경이 된 것이 아닙니다. 그의 수입은 당시 중산층의 수입보다 훨씬 많았습니다. 그럼에도 불구하고 자기 경영에 실패하여 그렇게 된 것을 '때문에' 라는 말로 자신의 현재의 처지를 변명하였습니다.

살다 보면 자신의 뜻과는 전혀 상관없이 실패하는 경우가 있습니다. 그러나 그 상황에서 우리가 명심해야 할 것이 있습니다. 남을 탓하거나 환경을 탓하는 변명의 말(--때문에)을 삼가야 합니다. 그 사람 때문에, 경기가 나쁘기 때문에, 나이가 들었기 때문에, 배운 것이 부족하기 때문에 등등의 말은 일시적으로 위안을 줄 수는 있으나 현실의 어려움을 극복하는 데는 적절한 말이나 태도가 아닙니다. 평가과정을 회피하거나 생략하도록 만들어 버립니다. 사람이 평가과정이 없으면 성장도 없습니다. 그러므로 우리가 "--때문에" 대신에 써야 할 말이 있습니다. "그럼에도 불구하고" 입니다.

우리가 사용하지 말아야 할 언어가 또 하나 있습니다. 부정의 언어입니다.

"할 수 없이, 두려워서 못해, 이게 우리가 힐 수 있는 진부야, 더 이상은 안 돼."

부정적인 생각도 증폭이 되지만 부정적인 언어도 증폭되는 특성을 갖습니다. 안 된다고 말을 한 사람은 자신의 생각을 정당화시켜야 하므로 안 될 궁리를 해야 하며, 생각 끝에 또 다시 못한다는 말을 쓰지 않을 수 없습니다.

"예수께서 이르시되 할 수 있거든이 무슨 말이냐 믿는 자에게는 능치 못할 일이 없느니라 하시니" (마가복음 9:23)

그래서 우리가 즐겨 사용해야 하는 스스로에 대한 질문은 why(왜 그래?)보다는 how(어떻게 하지?)에 더 큰 비중을 두어야 합니다. 그러다 보면 위의 언어들은 다음과 같이 바뀔 것입니다.

"대안을 찾아보자, 두려움이란 원래 없는 거야, 마음의 상태일 뿐이지, 다른 방법을 선택할 수 있어."

이런 방법으로 자기 긍정의 상태로 전환하는 과정을 다루는 것을 셀프 코칭이라고 합니다. 말 그대로 자기 스스로를 자기가 코칭함으로써 자신의 내적 잠재력을 환기시키는 것입니다.

사람은 그 입의 말을 조심하라는 얘기를 들은 적이 있을 것입니다. 말이 곧 현실화되기 때문입니다. 과거에 우울한 노래를 불렀던 가수들은 대부분 젊은 나이에 요절했다는 사실을 아십니까?

우울한 말 대신에 유쾌한 말을 사용해야 하는 이유가 여기에 있습니다. 그래서 그런지 저는 변명의 말, 부정의 말, 비관이 섞인 우울한 말에 질색합니다. 세상을 전향적이고 긍정적이며 밝고 유쾌하게 살아도 모자랄 판에 왜 그 반대편에 서야 한다는 말입니까? 저는 결코 어두움에 젖고 싶지가 않습니다. 과거에 충분히 어두워 보았고, 부정과 비관의 늪에 빠져 보았기 때문입니다. 그곳은 있을 곳이 못됩니다. 왠지 멋있어 보이지만 결코 생산적이지는 못한 곳입니다.

한편 비즈니스 현장이나 생활 속에서 사람들이 좋아하는 말과 싫어

하는 말이 어떤 것들인지 알고 사용할 필요가 있습니다. 고객지향적인 언어와 그렇지 않은 언어들이 있습니다. 일반적으로 사람들이 좋아하는 언어들은 다른 게 아니라 우리가 들어서 기분이 괜찮은 언어가 아니겠습니까? 대표적으로 다음과 같은 말들입니다.

"고맙습니다."

"어서 오십시오. 무엇을 도와 드릴까요?"

"잘 어울리십니다."

"제 잘못입니다."

"건강해 보이십니다."

"네, 해드리겠습니다."

그런데 우리가 별 생각 없이 사용하는 말들 중에는 상대방(고객)으로 하여금 기분을 상하게 하거나 썩 유쾌하지 않은 말들이 많습니다. 때에 따라서는 불쾌감을 주기도 합니다. 전혀 고객 지향적이지 못한 언어들입니다. 다음과 같은 말들이 바로 그런 말들의 대표선수들입니다.

"회의 중입니다."

"기다리세요."

"5분 뒤에 걸어 주세요, 또는 나중에 다시 걸어 주세요."

"어떻게 왔어요?"

"안됩니다."

"누구세요? 또는 어디세요?"

"왜 왔어요?"

"아직도 모르세요?"

이런 언어습관들은 대부분 고객의 중요성에 대한 인식이 부족할 때 많이 발생합니다.

일전에 겪은 사례를 가지고 얘기를 전개시켜 볼까 합니다. 사무실이 너무 더워 이동식 에어컨을 하나 구매해야겠다고 생각하던 중, 저한테 딱 해당되는 제품에 대한 신문광고를 보게 되었습니다. 이거다 싶어 메이커에 전화를 걸었습니다. 지역대리점을 한 군데 소개시켜 주더군요. 즉시 메이커에서 알려준 지역대리점에 전화를 걸었습니다. 물론 저의 집과 가까운 대리점이었습니다.

"가격이 얼마입니까? 혹시 거기에 시제품이 있습니까?"

"네, 가격은 ○○○만원이구요, 시제품은 다음 주 월요일쯤에 도착합니다. 그러니까 월요일에 다시 전화해 주시겠습니까?"

너무나 한심한 전화태도에 놀랐습니다. 뭐가 잘못되었냐구요? 고객보고 다음에 다시 전화하랍니다. 이 사람 정말 사업하는 사람 맞습니까? 사업가의 자세는 정말 이래서는 안 되는 겁니다. 월요일에 제가 전화를 걸었겠습니까? 당연히 걸 리가 없지요. 그 제품의 절반도 안 되는 가격으로 대체품을 구매하고 말았습니다.

그 대리점 사장이 이랬다면 어떻게 되었을까요?

"죄송합니다. 아직 시제품이 도착하지 않아 보여드릴 수가 없네요. 다음 주 월요일 날 도착하는데 괜찮으시다면 저의 대리점과 가까운 곳에 사시니까 제가 모시러 가도록 하겠습니다."

또 하나의 사례가 있습니다. 여러분의 언어태도와 비교해 보십시오.

어떤 공공기관에 강의가 예정되어 있었는데 강의 전날 약도를 알아보기 위해 전화를 했습니다. 인사과 직원이 전화를 돌려받았습니다.

"네, 인사과 ○○○입니다."

"뭐 한 가지 여쭤 보려고 전화했습니다. 다른 게 아니고, 내일 거기에 갈 일이 있는데요, 제가 사는 곳은 ○○입니다. 차를 몰고 가려고 하는데 어떻게 가면 좋을까요?"

직원의 대답이 참으로 가관입니다.

"무엇 때문에 오시는데요?"

제가 무엇 때문에 거기 가야 하는지 그에게 보고해야 할 특별한 이유라도 있는 겁니까? 거기는 수많은 사람들이 드나드는 공공기관입니다. 전화문의를 받자마자 친절하게 "어찌어찌 해서 오시면 되십니다"라고 안내하는 것으로 만사 오케이입니다. 상대방의 감동을 이끌어 내려면 "오실 때 운전 조심하십시오. 감사합니다."를 추가하면 끝내주는 것 아니겠습니까? 그렇게 했다면 제가 그곳에 도착하여 일부러 그 사람을 찾아 커피 한 잔으로 답례를 할 수도 있을 것입니다.

언어를 경영한다는 것은 다른 게 아닙니다. 자기 경영의 한 치원으로써 이왕이면 긍정적이며, 유쾌하며 가능성을 담은 얘기를 하는 것입니다. 그리고 다른 사람들과의 좋은 관계를 유지해 가기 위한 방편으로써 고객 지향적인 언어를 사용하는 것입니다. 특별히 성경의 시편 기자는 불평을 경계하고 있습니다.

"내가 결심하고 입으로 범죄치 아니하리라" (시편 17:3)

우리는 말로 얼마나 범죄하고 있는지 모릅니다. 그런 의미에서 입으로 하는 불평조차도 아주 바람직하지 못한 것으로 말씀하고 있습니다.

"분을 그치고 노를 버리라 불평하여 말라 행악에 치우칠 뿐이라"
(시편 37:8)

끌어당김의 법칙(law of attraction)이란 무엇입니까? 긍정적인 에너지를 쓰는 사람 주위에는 긍정적인 사람들이 모입니다. 어느 쪽을 선택하든 그것은 여러분의 자유이며, 결과에 대한 향유도 여러분의 것이 될 것입니다.

관계는 곧 힘이다

"타인으로 너를 칭찬하게 하고 네 입으로는 말며 외인으로 너를 칭찬하게 하고 네 입술로는 말찌니라" (잠언 27:2)

사회가 변화함에 따라 상대적으로 더 많이 요구되는 신체의 기능이 다르다는 사실을 아십니까? 먼저, 수렵이나 농업사회로 되돌아가 봅시다. 그 당시 사람들은 부지런히 움직여야 생존할 수 있는 사회입니다. 사냥을 위하여, 목축을 위하여, 그리고 농사일을 위하여 움직이지 않으면 살기가 어려웠습니다. 그러다 보니 상대적으로 발과 다리가 튼튼해야 했습니다. 즉, 튼튼한 발과 다리가 주요한 경쟁력이 될 수 있었다는 겁니다. 자연적으로 사람들은 가축을 가지고 발과 다리의 기능을 대신하게 했습니다. 따라서 가축을 많이 소유한 사람이 당시 권력(power)을 가질 수 있게 되었습니다. 성경에서 욥이 바로 그런 인물입니다.

"그 소유물은 양이 칠천이요 약대가 삼천이요 소가 오백 거리요 암나귀가 오백이며 종도 많이 있었으니 동방 사람 중에 가장 큰 자라"
(욥기 1:2)

시대가 변하여 산업사회로 진입하게 됩니다. 자본가들이 공장을 짓습니다. 농촌의 젊은이들이 도시의 공장으로 몰려들기 시작했습니다. 그들은 공장에서 망치질을 하거나 재봉틀을 돌리는 일을 통하여 소득을 얻었습니다. 튼튼한 손과 팔이 필요했던 것이지요. 즉, 근육질의 사람들은 먹고 살만했습니다.

점차적으로 노동력이 기계류로 대체됩니다. 따라서 산업사회의 권력(power)은 자연히 기계류를 많이 소유한 사람들에게 돌아갑니다. 우리나라 역시 중공업을 많이 일으킨 기업이 산업의 핵심이었던 때가 바로 엊그제 같습니다.

아시다시피 오늘날의 시대를 일컬어 디지털, 지식, 정보화 시대라고 합니다. 앉은 자리에서 웬만한 일은 처리할 수 있는 시대가 되었습니다. 그러다 보니 이전보다 아이디어가 점차 중요하게 됩니다. 손과 발, 팔과 다리의 기능보다는 머리의 기능과 커뮤니케이션 기능이 더 많이 요구되고 있다는 뜻입니다.

그런데 머리 기능의 상당 부분을 컴퓨터가 대신하고 있기 때문에 남과 다른 지식과 기술, 그리고 정보를 가진 자가 힘(power)을 가지게 됩니다.

한편, 오늘날은 서비스 사회이기도 합니다. 다른 사람과 원활하게 교류하고 커뮤니케이션 할 수 있는 따뜻한 마음이 필요한 시대입니다. 배려, 협력과 조화, 상호 간에 감정의 교류를 잘 이룰 수 있는 능력이 어느 때보다 중요합니다. 즉, 관계의 능력이 상대적으로 많이 요구됩니다. 관계가 곧 힘(Relationship is Power)이 된다는 사실을 명심하십시오.

오늘날은 왜 관계가 힘이 되는지 생각해 봅시다. 권위주의적 리더십이 힘을 잃고 있기 때문이 아니겠습니까? 각종 조직에서 이러한 현상이 보편화되고 있습니다.

집에 돈은 많은 데 부부 간에 관계가 좋지 않을 수 있습니다.

관리자가 업무지식은 탁월한 데 부하직원들과 관계가 안 좋을 수 있습니다.

경영자가 업무적으로 유능하지만 직원들과 관계가 안 좋을 수 있습니다.

대통령이 국민들과 관계가 안 좋을 수 있습니다.

이런 문제가 생겼을 때 과거에는 크게 문제될 게 없었습니다. 자신이 현재 가지고 있는 지위의 힘(position power)이 관계의 문제를 해결해 주고도 남았기 때문입니다. 지시하고 명령하고, 그게 시원치 않으면 억압하면 되었습니다.

그러나 아시다시피 이제 힘의 이동이 상류에서 하류로 급격하게 흘러가고 있습니다. 생산자 중심에서 소비자 중심으로, 의사 중심에서 환자 중심으로, 교사 중심에서 학생 중심으로, 통치자 중심에서 국민 중심으로 바뀌고 있습니다. 과거에는 지식과 정보가 상류의 전유물이었지만 이제는 지식과 정보의 소유 정도가 비슷해졌습니다. 정보의 독점권이 수명을 다한 것입니다. 정보화 시대의 가장 큰 파장입니다. 상류에서 휘두를 만한 것이 거의 없어졌다고 해도 과언이 아닙니다. 이제는 상생만이 추구해야 할 가치가 되는 시대입니다.

〈자료: 마법의 코칭, 새로운 제안〉

양쪽 다 생존을 유지할 수 있는 유일한 방법이 하나 있는데, 그게 바로 관계능력입니다. 회사의 관리자가 되었건, 집안의 가장이 되었건, 환자를 진료하는 의사가 되었건 간에 자신의 고객들과 관계를 만들고 유지하는 방법을 모르고서는 갈등이 끊임없이 일어난다는 사실을 명심해야 할 것입니다. 상호 조화하고 감정을 교류하는 방법을 배워야 합니다.

다음의 경우에 대해 생각해 보십시오.

"고객(상대)에게 호감을 주지 못하면 만나지 못한다.

고객(상대)에게 호감을 주지 못하면 대화하지 못한다.

고객(상대)으로부터 신뢰를 얻지 못하면 설득하지 못한다.

고객(상대)의 니즈에 맞지 않으면 판매하지 못한다."

내용을 보면 영업사원에게 하는 말 같지만 사실은 모든 집단의 모든 사람에게 해당되는 메시지입니다. 관계의 깊이에 따라 상대방과의 커뮤니케이션 내용의 깊이가 달라질 수 있음을 시사해주고 있습니다.

Business is Relationship(사업은 곧 관계이다)라는 말도 비즈니스 업계에선 정설처럼 회자되는 말입니다.

그렇다면 관계가 이루어지는 구조는 어떻게 되는지 알아볼까요? 아래의 간단한 그림으로 쉽게 설명이 됩니다.

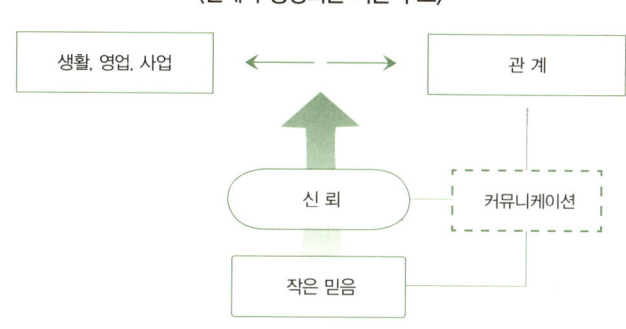

〈관계가 형성되는 기본 구조〉

기본적으로 관계가 전제가 되지 않으면 생활이든, 영업이든, 사업이든 이루어질 수가 없습니다. 특히 상품의 품질에 크게 차이가 없는 상황에서의 거래는 관계(human relationship)에 의해 이루어지는 경우가 많습니다. 그런데 어떤 관계든 오래 지속되려면 반드시 그 밑바탕에 신뢰(reliability)가 필요합니다. 그렇다면 신뢰는 어떻게 형성되는 것일까요? 평소에 주고받는 커뮤니케이션에 의해 영향을 받습니다. 인간은 평소에 주고받음 속에서 긍정이든 부정이든 상대방에 대해 '작은 믿음 (belief)'을 쌓아 갑니다. 이와 같은 축적된 작은 믿음들이 결국은 신뢰로 자리 잡게 된다는 사실을 명심하십시오.

특별히 여기에서 큰 믿음이 아니라 '작은 믿음'이라고 표현한 것에 주목하십시오. 이를 가리켜 디테일의 힘이라고 말합니다. 큰 것은 쉽게 눈에 띄어 주의를 기울이기 쉽지만 작고 하찮은 것은 무시하고 넘어 가기 쉬우나 때에 따라서는 이 작은 것(the details)이 큰 일을 망치는 결과를 낳습니다. 선진국과 후진국을 구분하는 기준이 되기도 합니다.

선진국일수록 일반인들이 생각하는 '쩨쩨한 것'에 더 신경을 많이 쓴다는 사실을 아십니까? 약속된 미팅 시간을 잘 지키는가, 작은 액수의 돈을 제 때에 잘 갚는가, 말씨와 행동은 겸손한가 등이 작은 믿음을 결정하는 요인들이라고 할 수 있습니다.

중국의 한 제약회사가 외자를 도입하여 생산규모를 늘릴 계획을 하고 독일의 바이엘 제약회사의 대표단을 초청하여 공장을 견학하던 중 공장장이 공장 바닥에 무심코 침을 뱉는 일로 인하여 제휴계약이 깨진 사실이 있음을 기억하십시오.

작은 믿음을 쌓아 놓는 노력이 부족하면 결정적인 순간에 당신의 제안을 거부한다는 사실을 명심하십시오. 결정적으로 당신의 손을 들어 줘야 할 순간에 'I don't know you' 합니다. 약속 시간에 늦는 자신을 쉽게 용납해서는 안 됩니다. 먼저 가서 기다리는 사람은 아직 도착하지 않은 상대의 단점을 헤아린다는 사실을 알아야 합니다. 그리고 당신을 둘러싸고 있는 상하좌우의 사람들과 될수록 좋은 관계를 유지하려고 노력해야 합니다.

'입사는 내 실력으로, 성공은 다른 사람 힘으로'라는 말이 있습니다. 인간관계의 중요성을 이처럼 함축적으로 표현한 말이 또 있을까 싶습니다. 한 사람의 인생은 자신이 평소에 만나는 사람에 의해 결정된다는 사실에 주목하십시오.

제3장

보이지 않는 것을 보는 기술

네가 무엇을 원하느냐?

"예수께서 일러 가라사대 네게 무엇을 하여 주기를 원하느냐 소경이 가로되 선생님이여 보기를 원하나이다" (마가복음 10:51)

어떤 총각에게 세 가지 소원이 있었습니다.
첫째, 돈
둘째, 여자
셋째, 결혼
이 세 가지를 모두 얻게 해달라고 하나님에게 열심히 기도했습니다. 길게 얘기하면 복잡해서 하나님이 헷갈려 하실 것 같으니까 아주 간략하게 기도를 드렸습니다.
"돈 여자 결혼 돈 여자 결혼……."
너무나 간절한 나머지 하나님이 세 가지 소원을 다 들어주기로 했습니다. 그를 (머리가) 돈 여자하고 결혼시켜 주셨습니다.

우스운 일이지만 우리에게 흔히 일어나는 일이기도 합니다. 누구에게나 필요와 욕구가 있습니다. 입는 것, 먹는 것, 자는 것 등에 대한 것에서부터 누리고 싶은 것, 가고 싶은 곳, 되고 싶은 모습, 하고 싶은 일 등에 이르기까지 실로 다양하고 많습니다. 그런데 다소 아이러니한 일이 있습니다.

자신이 필요한 것을 글로 자세하게 적어 보라고 하면 대다수의 사람들은 애매모호하고 추상적으로 적는다는 것입니다. 예를 들어, 건강하게 오래 사는 것, 큰 집, 좋아하는 일을 하는 것, 해외여행, 사업이 번창하는 것 등으로 표현합니다. 그러나 이런 표현들은 결코 본인에게 열망을 주기가 어렵습니다. 왜냐하면 막연한 희망만을 내포하고 있기 때문입니다.

위의 말씀을 통하여 우리가 배울 만한 것은 무엇일까요? 위의 사건은 예수님께서 여리고에 가셨다가 나가실 때 일어난 사건입니다. 길가에 앉았던 소경 바디매오가 예수님을 향하여 "다윗의 자손 예수여 나를 불쌍히 여기소서"라고 큰 소리로 예수님을 부릅니다. 이미도 그는 예수님이 그 길을 지나갈 것을 알고 기다리고 있었던 모양입니다. 그의 큰 소리 때문에 사람들이 예수님 말씀을 듣는데 방해가 되었던지 많은 사람들이 조용히 하라고 꾸짖습니다. 그의 목소리가 보통 이상으로 컸던 모양입니다. 그러나 그는 거기에 굴하지 않고 더 큰 소리로 "다윗의 자손 예수여 나를 불쌍히 여기소서" 외치기를 반복합니다. 왜 그가 기죽지 않고 두 번씩이나 예수님을 불렀을까요? 낫고자 하는 열망만큼이나 예수님에 대한 믿음 또한 컸던 것입니다. 결국, 주님은 그의 믿음의 열정을 보시고 "가라 네 믿음이 너를 구원하였느니라" 하시니 곧 보게 되어 예수님을 좇습니다.

이런 차원에서 앞에서 열거한 막연한 희망사항들은 어떻게 바꾸면 좋겠습니까? 체중 10kg 감량과 체지방 5% 감소, K건설회사에서 Y구에 지은 40평짜리 아파트, 호주 골드코스트 여행 등과 같은 표현으로 되어야 하는 것이 맞습니다. 원하는 것이 애매하면 계획도, 행동도 애매할 수밖에 없습니다.

"구하라 그러면 너희에게 주실 것이요 찾으라 그러면 찾을 것이요 문을 두드리라 그러면 너희에게 열릴 것이니 구하는 이마다 얻을 것이요 찾는 이가 찾을 것이요 두드리는 이에게 열릴 것이니라" (마태복음 7:7-8)

이 말씀을 애매한 표현으로 다시 고쳐 보겠습니다.
"막연하게 구하라 그러면 너희에게 막연하게 주실 것이요 막연하게 찾으라 그러면 막연하게 찾을 것이요 대충 문을 두드리라 그러면 대충 너희에게 열릴 것이니 막연하게 구하는 이마다 막연하게 얻을 것이요 막연하게 찾는 이가 막연하게 찾을 것이요 대충 두드리는 이에게 대충 열릴 것이니라"

구하는 대로 주신다는 하나님의 말씀은 일점 일획도 어긋남이 없다는 사실을 아시지요? 명확하게 구하면 명확하게 주시지만, 애매하게 구하면 또 애매하게 주십니다.

이상한 표현이라고 하겠지만 이런 태도를 취하는 사람이 의외로 많다는 사실에 놀랍니다. 해마다 12월 말, 1월 초가 되면 청량리역에 사람이 몰리고, 영동고속도로가 초만원을 이룹니다. 정동진 해돋이를 보기 위한 인파입니다. 정동진 해돋이를 맞이하면서 소원을 빌러 가는 사람들로 열차와 도로가 가득합니다. 그런데 대부분의 사람들이 막연한 소원을 가지고 갑니다. 사업 번창, 자녀 성공, 건강 등 뭐 이런 것들이 주류를 이룹니다. 이후부터는 이런 의식에서 손을 뗍시다. "내가 보기를 원합니다" 라고 외친 바디매오처럼 원하는 것을 보다 명확하게 정하고 그것을 위해 어떤 행동들이 필요할지에 대한 구체적인 계획을 세우는 것으로 그 시간을 대체해 봅시다.

"오직 믿음으로 구하고 조금도 의심하지 말라 의심하는 자는 마치 바람에 밀려 요동하는 바다물결 같으니" (야고보서 1:6)

사람들이 얼마나 의심이 많으면 이런 말씀을 했겠습니까? 사람들은 자기가 원하는 것을 정해 놓고 수시로 의심합니다. "진짜 될까? 에이, 내 주제에 뭘? 혹시 안 되면 어떡하지? 그러나 혹시 몰라 잘 될지도?" 등등 끝이 없이 냉탕과 온탕을 왔다 갔다 합니다. 의심이란 다름 아닌 두 마음을 품는 것입니다.

자, 이제부터 결심합시다. 원하는 것을 분명히 하고, 반드시 이루어지리라고 믿고 기도하기!

나에게는 **꿈이** 있습니다

"나에게는 꿈이 있습니다.

조지아 주의 붉은 언덕에서 노예의 후손들과 노예 주인의 후손들이 형제처럼 손을 맞잡고 나란히 앉게 되는 꿈입니다.

나에게는 꿈이 있습니다.

이글거리는 불의와 억압이 존재하는 미시시피 주가 자유와 정의와 오아시스가 되는 꿈입니다.

(중략)

지금 나에게는 꿈이 있습니다!

골짜기마다 돋우어지고 산마다, 작은 산마다 낮아지며 고르지 않는 곳이 평탄케 되며 험한 곳이 평지가 될 것이요, 주님의 영광이 나타나고 모든 육체가 그것을 함께 보게 될 날이 있을 것이라는 꿈입니다."

목사이면서 흑인 인권운동가 마틴 루터 킹이 생전에 쓴 시입니다. 그는 분명 꿈의 사람이었습니다.

"나에게는 꿈이 있습니다(I Have a Dream)."

그가 쓴 시의 제목입니다. 나는 이 시를 무척이나 아끼고 사랑합니다. 나도 그렇게 뜨겁게 살고 싶기 때문입니다. 그는 1963년 워싱턴 D.C 링컨 기념관 앞에 모인 25만 명의 청중들에게 흑백의 차별이 없이 하나가 되는 세상에 대한 자신의 소박한 꿈을 전하였습니다. 그로부터 5년 후, 1968년 39세의 나이로 그를 반대하는 자들의 흉탄에 의해 쓰러졌지만, 마침내 흑과 백이 하나 되는 그의 꿈은 이루어지고 있습니다.

수수께끼 문제 같은 것이 하나 있습니다. 자랄수록 작아지는 것은?

정답은 꿈과 비전입니다. 그런 면에서 나이가 들어가면서 자신이 무엇을 해야 하는지를 아는 사람은 분명 행복한 사람입니다. 자라면서 현실이라는 벽을 마주하게 되고, 자주 한계를 경험하게 되면 할 수 있는 것과 할 수 없는 것을 구분하기 시작합니다. 올라 갈 수 없는 나무는 쳐다보지는 안 된다는 속담을 신봉하게 됩니다. 사실 포기할 것은 적당히 포기해야 마음이 편안합니다. 자신을 학대하지 않아도 되기 때문입니다. 적당히 살다 가면 되지 뭐 그렇게 안달하면서 사느냐는 주위의 말과 시선이 부담이 되는 것도 사실입니다.

그러나 꿈과 비전을 포기하는 그 순간 우리는 살아도 제대로 살고 있는 것이 아님을 깨달아야 할 것입니다. 젊고 늙음의 차이는 결코 나이에 있지 않습니다. 꿈과 비전이 없는 젊은이는 젊지만 늙은이임에 다름이 없고, 꿈과 비전이 분명한 늙은이는 나이가 많을 뿐 젊은이임에 분명합니다.

'사람은 25세에 죽고 70세에 매장 당한다' 라는 얘기가 있습니다. 아마도 25세가 되면 세상의 한계를 알면서 현실에 안주하기 쉽다는 의미일 것입니다. 대부분의 사람들이 살아가는 삶의 패턴이 그렇다고 해도 나는 그 말에 동의하고 싶지가 않습니다. 왜냐하면 나에게는 아직 꿈이 있기 때문입니다.

그렇다면 꿈과 비전이 우리에게 주는 의미는 무엇이겠습니까?

첫째, 우리의 삶을 날마다 새롭게 해줍니다

꿈과 비전이 없는 사람들에게는 오늘이 어제 같고 금년이 작년 같지만, 꿈과 비전의 사람들에게 있어 오늘은 새로운 날의 시작입니다. 자신이 세운 목적지에 한 걸음 나아갈 수 있는 기회의 시간입니다. 매일 아침마다 같은 태양이 떠오르지만 오늘 맞이하는 태양은 어제의 태양과는 전혀 다릅니다. 그 태양은 소망과 기회의 태양입니다. 꿈과 비전이 있기에 나아갈 길을 알아 어제와 오늘의 차이를 알 수 있게 됩니다. 그러므로 꿈과 비전이 없는 삶이란 자신이 어디에 있고 어디를 향하는지 모르는 어둠의 길에 선 것과 같습니다.

오늘 이 시간에도 하나님께서는 "아담아 네가 어디에 있느냐(창세기 3:9)" 라는 그 물음을 우리에게 던지고 계십니다. 이 말씀에 '아담' 대신에 당신의 이름을 넣어 다시 한 번 읽어 보십시오.

둘째, 살아가는 힘과 에너지를 공급해줍니다

여러분은 그리피스 조이너를 기억하고 있습니까? 25세 이상이 되는 성인이라면 누구나 88 서울올림픽을 생생하게 기억할 것입니다. 1988년 서울올림픽에서 3개의 금메달과 1개의 은메달을 조국(미국)에 선사한 여자 육상 스타입니다. 당시 미국 전역에 있는 방송사들이 그녀를 집중적으로 보도한 적이 있습니다. 그녀가 어떤 여자이며, 어떻게 자라왔는지에 대한 역사적인 부분에 초점이 맞추어져 있는 보도였습니다.

그녀는 로스앤젤레스 남쪽 슬럼가에서 12명의 식구들이 사는 가정에서 태어난 11명의 자녀 중 한 사람이었습니다. 너무나 살기가 힘들고 미래가 없는 절망적인 삶이 늘 그녀를 주눅 들고 기운 없게 만들었을 것으로 짐작이 됩니다. 게다가 검은색 피부를 가졌다는 핸디캡은 그녀의 인생에 더 큰 절망의 덫이었습니다.

그러던 그녀에게 그녀의 오늘날을 있게 한 한 가지 사건이 있었습니다. 그녀의 학교에 당시 복싱의 영웅 챔피언 슈거레이가 찾아온 것입니다. 아이들은 열광했습니다. 큰 강당에서 슈거레이가 학생들을 위하여 강연을 시작했습니다. 모든 아이들이 그의 이야기를 하나라도 놓치지 않으려고 몰두하고 있는데, 강당 맨 끝에 한 까만 아이가 강연시간 내내 땅만 쳐다보고 있었습니다. 그 모습이 슈거레이 눈에 잡혔습니다. 강연이 끝난 후 그 아이 앞으로 슈거레이가 다가갔습니다.

"애야, 너 어디 아프니? 왜 땅만 쳐다보고 있지?"

"다 싫어요. 집도 싫고, 학교도 싫고, 모든 게 다 싫어요."

슈거레이가 새털처럼 가벼운 소녀를 번쩍 들어 올리면서 계속해서 물었습니다.

"네 이름이 뭐지?"

"제 이름은 플로어예요."

"그래, 너 좋아하는 거 뭐 없니?"

"네, 저는 뛰는 것을 좋아해요."

"그래, 그렇다면 너도 나와 같이 훌륭한 선수가 될 수 있어. 그리고 너도 유명한 스타가 될 수 있단다, 얘야. 네가 그런 사람이 될 수 있도록 기도해 주마."

이 짧은 대화가 그녀의 조그만 영혼을 흔들어 깨웠습니다. 가슴에 별을 단 것입니다. 그녀가 세상을 바라보는 눈(패러다임)이 바뀐 것입니다. 그날 이후 그녀는 뛰기 시작했습니다. 마침내 그녀는 88 서울올림픽에서 위대한 꿈을 이룬 것입니다.

세상은 그대로 있는데 세상을 바라보는 나의 눈(생각의 지도)이 바뀌니까 세상이 갑자기 기회의 땅으로 보이는 것입니다. 이게 바로 인간만이 가질 수 있는 위대함이라고 할 수 있지 않습니까?

셋째, 꿈과 비전은 어려움을 극복할 수 있는 동력을 공급해줍니다

어려움에 처해 보지 않은 사람에게 꿈과 비전의 힘에 대해 이야기하기란 참으로 어렵습니다. 더구나 그것을 이해시키기는 더욱 어렵습니다. 편안을 추구하는 사람에게 꿈과 비전은 한낱 거추장스런 겉옷에 불과합니다. 삶에 도전이 없는 사람에게도 마찬가지입니다.

그러나 분명한 것은, 지금 당신의 삶의 의미(meaning)를 찾고 꿈과 비전을 설정하는 노력을 기울이지 않는다면, 머지않은 장래에 반드시 커다란 대가를 치러야 할지도 모릅니다.

넷째, 꿈과 비전은 우리가 생존해야 할 이유가 됩니다

자신이 생존해야 할 이유를 찾는 것은 호흡하는 것만큼이나 중대한 문제입니다. 그런데 많은 사람들은 먹고 사는 문제에만 매달려 있습니다. 먹고 살아야 하는 것은 분명 필요조건이긴 하지만 삶의 충분한 조건까지 포괄하지 못합니다. 꿈과 비전을 찾는 과정에서 당신은 그 이유를 발견하게 될 것으로 확신합니다.

빅터 프랭클은 그의 책 〈마지막 하나의 자유〉의 서문에 "생존해야 할 이유를 알고 있는 사람은 어떤 방법으로도 살아 갈 수 있다"는 니체의 말을 인용하고 있습니다. 결국 그는 바로 그 '생존해야 할 이유'를 찾아 악명 높은 아우슈비츠 수용소의 생존자로 남습니다.

"너희는 이전 일을 기억하지 말며 옛적 일을 생각하지 말라 보라 내가 새 일을 행하리니 이제 나타낼 것이라 너희가 그것을 알지 못하겠느냐 정녕히 내가 광야에 물들을 사막에 강을 내리니" (이사야 43:18-19)

이전의 나를 바라보면서 기죽지 맙시다. 옛적의 나를 생각하면서 슬퍼하거나 눈물을 흘리지 맙시다. 지금의 나를 바라보면서 한탄만 하지도 맙시다. 과거는 그것을 통해서 교훈을 얻고 배우라고 있는 것이

〈나의 꿈 목록〉

아무런 제약이 없다고 가정하고 '하고 싶은 일, 가고 싶은 곳, 되고 싶은 모습, 가지고 싶은 것, 배우고 싶은 것'을 기록하여 보십시오.

성명 :		년 월 일
1	26	
2	27	
3	28	
4	29	
5	30	
6	31	
7	32	
8	33	
9	34	
10	35	
11	36	
12	37	
13	38	
14	39	
15	40	
16	41	
17	42	
18	43	
19	44	
20	45	
21	46	
22	47	
23	48	
24	49	
25	50	

요, 미래는 꿈과 비전과 목표, 그리고 계획을 세우라고 있는 것이지만 나에게 주는 유일한 선물(present)은 오직 현재(present)임을 깊이깊이 인식하고 전진합시다. 오늘, 그리고 '지금(now)'을 소유하는 자만이 미래를 얻을 수 있는 법입니다.

보이지 않는 것을 보는 기술

"믿음은 바라는 것들의 실상이요 보지 못하는 것들의 증거니" (히브리서 11:1)

일전에 직장인들 대상으로 설문한 결과를 분석한 자료를 본 적이 있는데, 그 중 한 가지 기억나는 내용이 있습니다. "현재의 직장을 옮기고 싶어 하는 이유는 무엇입니까?" 라는 질문에 가장 많은 사람이 "비전이 없어서" 라고 응답했습니다. 저 역시도 그런 갈등으로 세월을 보낸 경험이 있기에 충분히 수긍이 갔습니다. 나의 경우는 실제로 첫 직장을 옮기기도 했습니다만, 실제로 직장생활을 하면서 누구나 한 번쯤은 현재의 직장을 옮기고 싶다는 생각을 합니다.

여러분은 어떻습니까? 위의 결과에 충분히 동의하십니까? 비전이 대체 뭐길래 그렇습니까? 비전을 한 마디로 정의를 내린다면 "미래 일정 시점에서의 나(우리)의 모습"이라고 할 수 있겠습니다. 구체적인 도달지점이 정해진 꿈이라고 표현하는 경우도 있습니다. 따라서 '비전이 없어서'라는 의미는 이 회사 혹은 지금 하는 일에 대한 장래가 매우 불투명하며 불안하다는 뜻입니다.

"묵시가 없으면 백성이 방자히 행하거니와 율법을 지키는 자는 복이 있느니라" (잠언 29:18)

비전이 없는 백성은 제멋대로 행한다는 뜻입니다. 원칙이 없이 움직인다는 말이기도 합니다. 그래서 비전이 중요하다는 얘기겠지요.

오늘날 대부분의 사람들이 갖는 공통적인 현상 중의 하나는 미래에 대한 불안과 두려움입니다. 그만큼 불확실한 세계를 살고 있다는 뜻입니다. 변화의 사이클이 짧을 뿐만 아니라 변화의 파고가 높은 시대는 그만큼 불확실성에 대한 정도가 높을 뿐만 아니라, 그에 따라 불안과 두려움도 커지는 법입니다.

어려서 시골에서 살았던 적이 있습니다. 제가 고등학교 다닐 때에야 비로소 전기가 들어왔으니, 그 이전에는 밤이 되면 깜깜한 세상을 살 수밖에 없었습니다. 달빛이 없는 밤에는 밖에 나가는 것조차 무서웠습니다. 어쩌다 심부름이라도 가야 하는 날에는 정말 단단히 각오를 하지 않으면 안 되었습니다.

그런데 참 이상합니다. 낮에 그렇게 익숙하게 잘 다니던 길인 데도 밤이 되어 깜깜해지면 무서워지니 말입니다. 왜 그럴까요?

이유는 아주 간단합니다. 안 보이기 때문입니다. 그래서 어디서 무엇이 나타날지 모르기 때문이겠지요. 그렇습니다. 이게 바로 불확실성입니다.

그렇다면 어떻게 하면 두려움을 줄일 수 있겠습니까? 손전등이 필요합니다. 손전등은 보이지 않는 것을 볼 수 있도록 변화시켜 주는 아주 유용한 도구입니다.

이처럼 우리의 삶의 과정에서 손전등에서 나오는 빛과 같은 역할을 하는 것이 바로 비전(vision)입니다. 여러분은 자신의 1년 후, 3년 후, 10년 후의 모습이 보입니까? 비전을 설계한다는 것은 지금은 눈에 안 보이는 1년 후, 3년 후, 10년 후의 모습을 구체적으로 그리는 작업입니다. 그래서 비전을 설계하는 행위는 순전히 인위적인 작업이라고 할 수 있겠습니다. 비전을 설계하는 작업을 "보이지 않는 것을 보는 기술" 이라는 말로 표현하기도 합니다.

그런데 여러분에게 또 한 가지 질문을 드려 보겠습니다. 당신의 미래의 모습이 아주 분명하게 유리알처럼 보여지기를 원합니까? 이 질문에 "예" 라고 답하는 사람은 거의 없습니다. 참 아이러니한 일입니다. 불확실성을 회피하고 싶어 하면서도 사람들은 실제로 너무나 분명한 미래를 보는 것은 원하지 않습니다. 너무도 분명한 미래를 미리 훤히 본다는 것은 우리에게 기대와 흥분과 삶의 재미를 앗아갑니다.

그래서 미래를 보이지 않게 감추어 놓은 것은 하나님이 우리에게 주시는 커다란 축복임을 알아야 합니다.

"형통한 날에는 기뻐하고 곤고한 날에는 생각하라 하나님이 이 두 가지를 병행하사 사람으로 그 장래 일을 능히 헤아려 알지 못하게 하셨느니라" (전도서 7:14)

"상상력은 지식보다 강력하다."
20세기 최고의 과학자 아인슈타인의 말입니다. 지금 인류가 누리는 모든 혜택들은 누군가의 상상력이 현실화된 결과에 의한 것임을 믿습니다. 따라서 커다란 비전을 설계하는 데에는 이처럼 상상력이 필요할 때가 많습니다. 상상력이란 하나님께서 창조하신 이 세상을 사람들로 하여금 좀 더 살기 좋은 곳으로 만들고 가꾸라고 인간에게만 허락하신 특별한 능력입니다.

"하나님이 그들에게 복을 주시며 그들에게 이르시되 생육하고 번성하여 땅에 충만하라 땅에 움직이는 모든 생물을 다스리라 하시니라" (창세기 1:28)

우리는 위대한 상상력을 가지고 꿈과 비전을 세우고 도전한 사람들을 기억하고 있습니다.
라이트 형제는 새처럼 하늘을 나는 것을…
월트디즈니는 사람들에게 건전한 즐거움을 제공하기 위하여 디즈니랜드를…
링컨은 노예해방을…

빌게이츠는 세상 모든 사람들의 책상 위에 PC가 놓여 손쉽게 업무를 처리하게 될 날을…

마틴 루터 킹은 조지아 주의 붉은 언덕에서 노예의 후손들과 노예 주인의 후손들이 형제처럼 손을 맞잡고 나란히 앉게 되는 미래를 꿈꿨습니다.

원대한 비전들입니다. 세월이 흐르면서 그들이 상상하고 꿈꿨던 것들은 현실화되고 있습니다. 인간이 상상할 수 있는 범주의 것들은 아마도 모두가 실현가능한 비전이 되는 것이 아닌가 하는 생각이 듭니다.

이처럼 상상력이란 사람을 여타 동물들과 구별되게 하는 하나의 강력한 척도입니다. 우리의 상상(imagination)이 구체화된 꿈과 비전으로 연결되기 시작할 때 비로소 우리의 힘과 에너지가 집중화되기 시작합니다. 그래서 결국 성취되고 맙니다. 그러므로 큰 꿈과 비전을 가지려면 먼저 상상력을 회복하십시오. 상상력은 창의성을 낳습니다. 그리고 원래 우리는 창의적으로 태어났습니다.

재미있는 연구결과가 있습니다. 1940년대 말경에 일단의 심리학자들이 모여 인간의 창의성에 대해 논의를 하였습니다. 이들의 관찰 결과 성인들의 대부분은 창의성이 부족하다는 것입니다. 즉, 사람이 45세가 되면 극히 소수만이 창의적인 생각을 할 수 있다는 가정 하에 이를 입증하기 위해 실험을 시작하였습니다.

먼저, 45세 되는 사람들을 대상으로 실험을 한 결과 창의성이 있다고 판단되는 사람은 겨우 5% 미만에 불과했습니다. 점차 실험대상의 연령을 낮추어 가면서 조사를 실시했습니다.

40세…

35세…

30세…

20세까지는 45세와 마찬가지로 거의 변함이 없었습니다. 계속 연령대를 낮추어 17세에 이르러서야 10% 정도로 상승하였으며, 5세의 어린이들은 90% 이상 창의성이 높다는 결과를 보였습니다.

결론적으로, 우리 모두가 5세까지는 매우 창의적인 인간이었다는 것입니다. 관습과 상식, 문화, 경험 혹은 잘못된 학습 등이 우리의 상상력을 앗아가고 창의성을 말살시킨 것입니다. 그래서 어쩌면 나이가 들수록 자신의 가능성의 세계를 좁혀 가고 있는지도 모릅니다. 계속 좁히다 보니까 더 이상 좁혀질 것도 없어질 정도가 되어버립니다. 자기 제한적 신념(self-limited belief)에 매인 대표주자가 되어버리는 것이지요. 새로운 학습, 새로운 경험 등을 통하여 우리의 상상력과 역량개발의 가능성을 회복해야 할 때입니다.

지금 우리가 경험하고 있는 사회가 정보화 사회라면, 이후의 사회는 무슨 사회가 될까요? 많은 사람들의 얘기를 빌려 말한다면, 아마도 창조화 사회가 될 것으로 예측됩니다. 정보화 사회의 핵심 경쟁력이 생각의 속도(speed)라고 한다면, 창조화 사회의 핵심 경쟁력은 생각의 차이(difference)가 될 것입니다. 같은 일을 하면서 남보다 빨리, 더 잘하는 것도 중요하지만 그보다 한 단계 높은 가치는 남과 다르게 하는 것이라고 할 수 있겠습니다. 생각의 차이가 곧 경쟁력이 되는 시대를 대비해야 할 것입니다. 남과 다른 비전도 가져볼 만합니다.

눈을 들어 비전을 보라

"내가 너와 함께 있어 네가 어디로 가든지 너를 지키며 너를 이끌어 이 땅으로 돌아오게 할지라 내가 네게 허락한 것을 다 이루기까지 너를 떠나지 아니하리라 하신지라" (창세기 28:15)

야곱이 자신의 형 에서의 분노를 피하여 도망자의 신세로 하란 땅에 사는 외삼촌 라반의 집으로 가다가 날이 어두워지자 돌을 베개 삼아 잠을 자던 중 꿈속에서 하나님으로부터 비전을 받는 순간의 말씀입니다. 야곱처럼 우리도 어느 날 하나님으로부터 이렇게 멋진 비전을 받으면 얼마나 좋겠습니까? 그렇지만 비전을 인위적으로 만들 수도 있으니, 걱정하지 않아도 됩니다. 우리 스스로 가치있는 비전을 만들어 하나님께 드리고 성취를 위해 기도를 드릴 수도 있습니다.

"하나님, 제가 이런 비전을 설계했습니다. 이 비전 위에 함께 하시고 이룰 수 있도록 도와주십시오."

　자신의 미션이나 비전을 명확하게 설계하는 일이 중요하다고 하지만 실제로 그것을 단번에 정의를 내리기는 쉬운 일이 아닙니다. 그렇다고 복잡하고 머리를 쥐어짜야 비로소 손에 쥐게 되는 어려운 프로젝트는 더욱 아닙니다. 약간의 수고를 하는 과정에서 자신을 성찰하고 주위를 살펴보는 노력이 필요할 뿐입니다.

　그 대신 자신에게 적합한 미션과 비전을 찾기까지 반복하고 다듬는 과정이 요구됩니다. 그러나 그 과정을 번거롭게 여겨서는 진정으로 자신의 정체성을 찾는 일은 영원히 멀어지게 된다는 사실을 명심하십시오. 다행스러운 것은 이 과정에서 들어가는 비용은 거의 제로에 가깝다는 것입니다. 사실 무료라는 것이 매력적이긴 하지만 그것 때문에 하찮게 여김을 받기도 합니다. 어쨌든 투입되는 노력에 비해 얻어지는 결과가 엄청나게 크다면 한 번 마음먹고 도전해볼 가치가 충분하지 않겠습니까?

　여기에서는 보다 손쉬운 접근 방법을 통하여 미션과 비전을 설계할 수 있도록 간단히면서도 강력한 프로세스를 소개하고자 합니다.

● 자신에게 중요한 핵심 가치를 정하라

　대체적으로 삶에 대한 목적의식이 분명한 사람에게는 확실한 가치를 지니고 있습니다.

　비전을 설계할 때 가장 먼저, 그리고 가장 중요하게 다루어져야 할 부분이 있다면 나만의 독특한 브랜드를 만들기 위한 핵심 가치(core value)가 무엇인가를 정의하는 것입니다. 뚜렷한 목적의식이나 가치가 불분명한 사람에게 브랜드가 생기지 않습니다. 핵심 가치는 종종 중요한 의사결정의 순간에 판단의 척도가 되는 역할을 합니다. 마치 한 나라의 헌법과 같은 역할을 한다고 하면 더 쉬운 얘기가 될 것입니다.

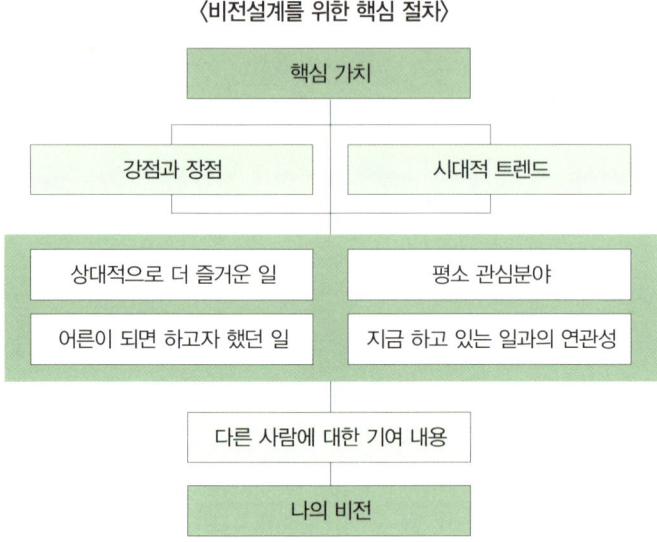

〈비전설계를 위한 핵심 절차〉

핵심 가치를 설계하는 행위는 바로 자신의 정체성을 구체화하는 작업이라고 할 수 있겠습니다. 참고로 저에게 있어 주요한 가치들은 다음과 같습니다.

첫째, 신앙(믿음 : belief)입니다. 저에게 있어 신앙이란 어려움을 극복하는 힘입니다. 그리고 인간이란 원래 불완전한 존재이기에 신앙을 가장 첫 번째 핵심 가치로 정한 것입니다.

둘째, 배움(learning)입니다. 모두 알다시피 21세기는 지식과 정보가 곧 경쟁력이 되는 시대입니다. 그리고 배우지 않고 리더가 된다는 것은 불가능합니다. 무엇보다도 끊임없는 배움의 자세는 겸손한 인격을 만드는 기반이 됩니다.

셋째, 관계(relationship)입니다. 아무리 훌륭한 신앙과 지식도 다른 사람과의 나눔이 없으면 이기적으로 사용되기 쉽습니다. 그리고 오늘날과 같은 복잡한 세상을 살아가는 데 홀로 간다는 것은 너무나 어려운 길입니다. 그런데 함께 하려면 상호이해와 협력을 이루어 내는 역량이 필요합니다.

● **자신의 강점과 장점을 확인하라**

누구에게든 반드시 자신만의 강점과 장점은 존재하기 마련입니다. 그걸 찾도록 하십시오. 그래도 찾아지지 않으면 약점을 어떻게 하면 강점으로 전환시킬 수 있는지 생각해 보십시오. 역발상을 하면 문제해결의 돌파구가 있을 수 있다는 사실에 주목하십시오. 머리가 좋지 않으면 남보다 성실하게 노력할 수는 있습니다. 남보다 건강하지 않으면 건강관리를 체계적이며 과학적으로 할 수 있는 시스템을 개발하려는 노력을 기울일 수는 있습니다.

● **시대의 트렌드를 확인하라**

앞에서 언급한 바와 같이 오늘은 디지털, 지식, 정보화 시대입니다. 즉, 지식과 정보의 소유가 힘(power)과 부의 크기를 결정하는 시대입니다. 그러면서 다른 사람들과의 협력과 조화의 커뮤니케이션이 중요한 가치를 갖는 서비스 중심의 사회이기도 합니다. 과거의 패러다임을 변화시키는 유연한 사고가 필요하며, 스스로 변화하고 도전하려는 자세가 요구되는 시대입니다. 부지런히 지식을 습득하기 위한 수단으로써 독서의 영향력은 과거보다 훨씬 크다고 할 수 있습니다. 그리고 적극적인 교육훈련과 세미나에 참여함으로써 자신의 역량을 키워가야 할 것입니다.

● **당신에게 즐거움을 줄 만한 일은 어떤 것인가?**

먼저, 어떤 일을 하면 상대적으로 더 자신에게 즐거움을 주는가를 생각해 보십시오. 과거의 경험을 통하여 회고해 보면 찾을 수 있을 것입니다. 저의 경우를 보면, 일을 할 때 남에게 지시와 간섭을 받기보다 자율적으로 기획하고 설계하여 운영하는 일을 할 때가 즐겁습니다.

두 번째는 평소에 자신이 관심을 가지는 분야는 어떤 분야인지를 확인해야 합니다. 판매, 교육, 홍보, 컨설팅, 봉사, 건강 등 수많은 분야를 떠올려 보십시오. 거기에서 자신에게 가장 매력적인 분야는 어떤 분야인지 찾아보시기 바랍니다.

● **어른이 되면 하고자 했던 일은 무엇인가?**

어렸을 때는 세상을 보는 눈이 좁아 생각하는 것이 한정적일 수밖에 없었을 것입니다. 그렇더라도 혹시 '지금부터라도 그 일을 하면 좋겠다' 라는 일이 있습니까? 요리사, 선생님, 경영자, 정치가 등 어떤 것이라도 상관없습니다.

민들레영토(민토)의 지승룡 사장은 어렸을 때 시골에서 자라면서 시골다방을 본 적이 있었는데 다방마담이 그렇게 좋아 보였다고 합니다. 결국 그는 손님들에게 편안하게 시간에 구애받지 않으면서 쉴 수 있는 공간을 제공하는 어머니 같은 마음을 담은 레스토랑(민들레영토)을 운영함으로써 자신의 꿈을 실현하고 있습니다.

● **관심 분야와 현재의 일과의 연관성을 확인하라**

일반적으로 자신이 가장 잘 할 수 있는 일이란 매일매일 수행하는 일일 것입니다. 그게 정말 재미없다면 평소에 관심을 가지고 있는 분야에서 자신의 비전을 탐색하는 것이 필요합니다. 세상에 처음부터 평범한 일이란 없는 법입니다. 그 일을 수행하는 사람이 평범하게 수행할 때 평범해지는 것입니다. 그러므로 현재 자기가 하는 일을 지나치게 비하하거나 낮은 가치로 대하는 것은 정말 삼가야 합니다.

리츠칼튼 호텔의 객실 청소 담당 아주머니인 아주엘라(인도 출신)는 객실 청소의 노하우를 습득하여 동료들과 공유함으로써 지식인의 반열에 오른 사람입니다.

● **고객들에게 무엇을 주고 싶은가?**

고상한 비전이라면 고객들에게 어떤 가치를 줄 것인지에 대한 자신만의 철학이 함축되어 있어야 합니다. 요리사로서 다른 사람들에게 음식을 통하여 생활의 즐거움을 느낄 수 있도록 할 수도 있으며, 학습

컨설턴트로서 사람들이 가진 잠재력을 개발하도록 할 수도 있을 것입니다. 이런 것들이 바로 고객의 가치를 창출하는 것들입니다. 자기 자신의 욕구만을 충족시키기 위한 미션이나 비전은 열정이나 동기를 불러일으키는 데 한계가 있을 뿐만 아니라, 비전을 이루어 가는 과정에서 어려움에 처하면 손쉽게 상황과 타협해 버리기 쉽습니다. 불꽃같은 열정과 끊임없는 자가발전을 일으키는 동기유발은 바로 가치있는 삶을 살고자 하는 욕구에서 비롯됩니다.

이상의 사항들을 계속해서 탐색하는 과정에서 자신의 미션과 비전은 찾아집니다. 반드시 거쳐야 하는 과정이라고 생각하고 탐색해 보시기 바랍니다.

한편, 좋은 비전이 되는 데에는 몇 가지 전제가 있습니다. 물론 절대적인 조건은 아니지만 참고할 만한 부분이 있기에 여기에 소개합니다.

첫째, 가급적이면 간결한 문체가 좋습니다. 되도록 3문장 이상을 넘기지 말 것을 권유드립니다.

서부의 하버드가 되자!(스탠포드대학)

타도, 야하마!(혼다)

독자적인 사업으로 성공을 꿈꾸는 모든 사람에게 성공의 기회를 제공한다.(리치디보스)

한국 최고의 성경적 성공원리 컨설턴트 및 코칭 전문가(저자)

20XX년까지 ○○억원의 매출을 달성한다.(A기업)

둘째, 쉽게 이해할 수 있도록 해야 합니다. 어려운 문장을 사용할 필요가 없다는 뜻입니다. 위에 예시된 비전 서술문들은 평이하면서도 누구든지 이해할 수 있는 어휘를 사용하고 있음을 알 수 있을 것입니다.

셋째, 쉽게 외울 수 있어야 합니다.

"이러므로 너희는 나의 이 말을 너희 마음과 뜻에 두고 그것으로 너희 손목에 매어 기호를 삼고 너희 미간에 붙여 표를 삼으며" (신명기 11:18)

손목에 매고 미간에 붙인다는 것은 항상 외우고 쉽게 떨어지지 않을 수 있는 아주 중요한 방법입니다.

우리가 메모를 해야 할 긴급한 상황에서 메모지가 없어 손바닥이나 손등에 글씨를 써본 경험이 있지 않습니까? 그러면 쉽게 볼 수 있어 잊어버리는 것을 방지할 수 있습니다. 그러려면 쉽게 외울 수 있는 언어를 사용하는 것이 중요합니다. 비전을 정하는 데 있어 굳이 고상하고 유식한 단어를 사용할 필요가 전혀 없습니다.

넷째, 평생의 활동을 포괄할 수 있으면 좋습니다. 특히, 비전은 자신의 삶의 방향성을 정하는 것이므로 그것을 이루어가는 것이 평생의 업(業)이 될 수 있으면 아주 이상적인 것입니다.

마지막으로, 자신을 잘 나타낼 수 있어야 합니다. 즉, 자신의 가치관과 강점, 그리고 평소에 하고 싶어 했던 일, 지금 하고 있는 일과의 관련성 등을 고려하여 설계되지 않으면 마음과 에너지가 이분화되기 쉽습니다. 직장생활을 하는 사람들에게서 보편적으로 발견되는 현상이 있습니다. 직장에서 하는 일이 자신의 비전과 전혀 맞지 않다는 것입니다. 그래서 늘 갈등입니다. 직장 일을 열심히 하자니 나의 비전이 울고, 나의 비전 중심으로 생활 패턴을 끌고 가자니 직장에서 인정을 받지 못할 것 같고…, 끊임없는 모순에 빠져 지내다가 결국 아까운 시간을 보내는 경우가 많습니다. 그런데 이런 사람일수록 자신의 비전이 명확하지 않는 경우가 많습니다. 먼저 명확한 자신의 비전을 설계한 후 진지하게 고민해 보십시오. 해결의 실마리가 잡힐 것입니다.

〈꿈을 비전으로 전환하기〉

앞에서 작성한 꿈 목록 중 당신의 인생에서 가장 가치 있다고 생각되는 것(일) 열 가지를 선택하여 정리하여 보십시오.

순위	항 목	달성 기한
1		
2		
3		
4		
5		
6		
7		
8		
9		
10		

꿈과 비전도 가꾸어야 자란다

"이러므로 너희는 나의 이 말을 너희 마음과 뜻에 두고 또 그것으로 손목에 매어 기호를 삼고 너희 미간에 붙여 표를 삼으며 또 그것을 너희 자녀에게 가르치며 집에 앉았을 때에든지 길에 행할 때에든지 누웠을 때에든지 일어날 때에든지 이 말씀을 강론하고" (신명기 11:18-19)

기계를 설치해 놓고 닦고 기름치고 보수하는 과정이 없다면 어떻게 될까? 얼마 지나지 않아 녹슬어 기계의 성능을 제대로 발휘하지 못하고 폐기시켜야 하듯이 꿈도 잘 쓰다듬고 관리해야 제 기능을 발휘할 수 있습니다.

지식과 기술도 완전히 내 것이 되려면 혈에 흐르고 뼈에 새길 정도가 되어야 합니다. 위에서 인용한 말씀의 요지도 바로 그걸 우리에게 가르치고 있습니다. 하나님의 말씀이 온전히 내 것이 되려면 한시도 그것을 떠나게 해서는 안 된다는 요지의 말씀입니다. 좋은 가치는 완전히 머리에 각인되고 세뇌되어야 하는 것과 같은 이치입니다.

우리의 꿈과 비전도 마찬가지입니다. 자나 깨나 그것을 곁에 두고 생각하고 실천이 뒷받침되도록 하는 과정이 중요합니다. 그래서 꿈을 정한다는 말보다는 '꿈 가꾸기' 라는 말이 적합할 것 같습니다. 성공한 사람들의 행동과 습관에서 그 단초를 찾아보고자 합니다.

● **구체적으로 기록하라**

휘발유를 통에 넣고 뚜껑을 열어 놓으면 얼마 안 있어 그 양이 훨씬 줄어있음을 보게 될 것입니다. 꿈의 특성도 그러합니다. 꿈이란 원래 보이지 않는 것이므로 쉽게 잊혀집니다. 꿈이 갖는 '휘발성' 이라는 특성 때문입니다. 휘발유가 날아갈 때 보이지 않듯 꿈도 똑 같습니다. 나도 모르는 사이에 사라져 버립니다. 자세히 들여다보지 않으면 실체를 볼 수 없으므로 그것들을 붙들어 매어 놓으려면 반드시 기록이라는 수단에 의존해야 합니다.

"또 네 집 문설주와 바깥문에 기록하라" (신명기 11:20)

꿈과 비전을 완전히 내 것으로 만들어 가기 위해서는 문간을 드나들 때마다 상기될 수 있도록 잘 볼 수 있는 곳에 기록하고 붙여 두어야 한다는 말입니다. 남들이 보기 민망하니까 숨겨두고 나만 보기 위해서가 아니라 공개된 장소에 붙여 두고 수시로 봐야 한다는 뜻입니다.

가지고 싶은 것, 가고 싶은 곳, 되고 싶은 모습, 하고 싶은 것(일) 등을 중심으로 기록해 보십시오. 작은 것부터 큰 것으로, 그리고 단기적인 것에서 장기적인 것으로 점차 확대해 가보십시오. 처음엔 매우 어색하고 어설프지만, 그러나 세상에 처음부터 다 잘된 것은 없는 법이지요. 다듬고 가꾸고 키워졌을 때 제 값을 하는 것입니다. 한 가지 꼭 추가해야 할 사항은 항목마다 구체적인 성취 기간을 정할 수 있는 것은 기록해두어야 합니다.

● **정기적으로 점검하고 자주 수정하라**

꿈을 기록하는 것 자체는 꿈의 특성인 '휘발성'을 방지하기 위한 작업이지만 꿈이란 것은 자신의 학습과 경험이 많아짐에 따라 구체화될 수 있고, 새로워지며, 변화하기 때문에 반드시 정기적으로 새롭게 재정리할 필요가 있습니다. 그래서 꿈은 설정(building)하는 것이지, 고정화(setting)하는 것이 아닙니다. 예를 들어, 처음에는 막연하게 "돈을 많이 벌고 싶다 혹은 부자가 되고 싶다"에서 "부동산 ○○억원, 현금자산 ○○억원을 소유한다"라는 표현으로 바뀌어 가는 것이 순서입니다. 그러므로 지금 당장 구체적인 것이 안 나오더라도 실망하거나 괴로워할 필요가 없습니다. 모든 사람이 다 거기에서 출발합니다.

● **시각화가 가능한 것은 시각화하라**

글로 표현된 것만으로는 생생하게 꿈을 상상하는 데 한계가 있습니다. 따라서 시각화(Image-Up)시킬 수 있는 것, 예를 들어 여행지, 집, 자동차, 가구, 신체적 외모 등은 충분히 시각화가 가능한 것들이겠지요.

그림으로 보는 것은 글로 보고 느끼는 것보다 훨씬 강력합니다. 마치 자신이 그것들을 직접 가까이서 사용하고 누리는 것처럼 해주는 역동성을 지닙니다. 타고 싶은 자동차 사진에 자신 혹은 가족사진을 얹어서 붙여두는 것도 훌륭한 시각화의 한 방법이라고 할 수 있습니다.

인간의 두뇌가 갖는 특성 중의 하나는 현실과 상상의 세계를 구분하지 못한다는 것입니다. 즉, 지금은 그런 모습이 아니지만 생생하게 이미지로 그리는 것을 반복하다 보면 마치 내가 원하는 그런 모습이 된 것처럼 행동하고 있다는 것입니다. 행동이 생각을 따라 가듯, 생각이 행동을 따라 가기도 합니다.

● **항상 휴대하라**

항상 입고 다니는 옷이 나에게 편안함을 줍니다. 꿈 목록을 몸에 지니고 다니다 보면 마치 그것이 나와 한 몸처럼 일체화된 뿌듯함과 편안함을 줍니다. 든든하기까지 합니다. 가방 속에 혹은 수첩 속에 넣어서 항상 들여다보고 상상해 보도록 하십시오. 그러려면 먼저 비전북(vision book)을 만드는 작업이 필요하겠지요. "그것으로 손목에 매어 기호를 삼고 너희 미간에 붙여 표를 삼으며" 란 바로 항상 내 몸에서 떨어지지 않게 하라는 명령입니다. 비전도 마찬가지입니다. 그렇게 해야 합니다.

● **반복적으로 암시하라**

반복적으로 소리 내어 읽어 보십시오. 그러려면 자주 들여다 볼 수 있는 곳에 부착하는 것이 중요합니다. 특히 아침에 집을 나서기 전에 힘차게 외치고 집을 나서면 왠지 힘이 나고 일도 잘되는 것을 느낄 수 있을 것입니다. 긍정적인 자기예언의 현실화(positive self-fulfilling prophesy)라는 말이 있습니다. 이루어질 것이라고 믿고 계속해서 긍정적인 기대(positive expectation)를 하다 보면 어느 새 그것이 이루어진 모습을 보게 된다는 심리학적 원리입니다. 끌어당김의 법칙(law of attraction)이 바로 이런 것이라고 생각하면 됩니다. 할 수 있다고 생각하는 것도 믿음이고, 할 수 없다고 생각하는 것도 믿음인데 전자를 택하면 길이 열리지만 후자를 택하는 순간 길이 닫히고 맙니다. 되는 방법을 찾게 되는 것은 사람만이 가지고 있는 놀라운 특권입니다. 그러므로 계속해서 되는 모습을 상기하는 마인드 컨트롤이 필요합니다.

'마음에 뜻을 두고, 손목에 매고, 미간에 붙이고' 하는 행위들은 바로 반복성을 강조하는 것입니다. 반복학습의 이점 중 하나는 원하는 때 즉시 꺼내 쓸 수 있도록 하는 즉시성입니다. 생각하고 뜸들이고 할 필요가 없습니다. 커피를 한잔 마시기 위해 자판기에 동전을 넣고 누르면 즉시 커피가 쏟아져 나오는 원리를 생각하면 됩니다.

● **다른 사람들에게 자주 얘기하라**

꿈이나 비전은 다른 사람에게 자주 얘기할수록 이루어질 가능성이 큽니다. 얘기하다 보면 누군가를 통하여 그 꿈 혹은 비전이 성취될 수 있는 실마리가 생기는 수가 많습니다. 그리고 다른 사람에게 얘기한 자체(물론 다른 사람이 당신의 꿈을 기억하고 있지는 않지만)가 당신에게는 메기가 되어 당신으로 하여금 꿈을 향하도록 다그치는 역할을 할지도 모릅니다. 담배를 끊겠다고 선언한 사람이 계속 담배를 물고 있는 것을 보면 주위 사람들이 핀잔을 주게 되어 부끄러워 금연에 성공하는 경우가 바로 그런 경우입니다.

꿈과 비전을 다른 사람에게 쉽사리 이야기하지 못하는 이유는 혹시나 이루어지지 않을지도 모른다는 자신에 대한 불신 혹은 두려움과 염려 때문일 것입니다. 아니면 그 꿈이 간절하지 못하기 때문일지도 모릅니다. 그럴 필요가 전혀 없습니다. 마음껏 얘기하십시오. 소문을 내십시오.

● **꿈이 있는 사람들과 어울려라**

기운이 없는 사람과 함께 있으면 자신도 기운이 쭉 빠지는 경험을 누구든지 해 보았을 것입니다. 그에게서 그 기운이 감염되었기 때문에 일어나는 현상입니다. 병원에 갔다 오면 왠지 기운이 빠진 느낌이 들 때가 있지 않습니까? 침체된 기운이 나에게 전염되었기 때문이 아니겠습니까? 감기 바이러스가 다른 사람에게 감기를 전염시키듯, 꿈과 비전이 명확한 사람은 주변을 건강하게 변화시킵니다. 바로 태도의 전염성입니다.

그런데 긍정적인 바이러스가 도저히 감당을 못하는 천적이 있습니다. 부정적 바이러스입니다. 긍정적인 바이러스와 부정적인 바이러스가 말싸움을 하면 어느 쪽이 이기겠습니까? 부정적인 바이러스가 백전백승합니다. 그러므로 부정적인 바이러스와의 논쟁은 금물입니다. "그거 그렇게 해서 되겠어?" 하면 싸움이 끝납니다. 그들은 항상 독을 품고 다닌다는 뜻으로 toxic people(독이 있는 사람들)이라고 하는 이유가 거기에 있습니다.

● 이왕이면 크게 정하라

자신의 꿈과 비전을 기록하거나 그리는 데는 크기의 규정이나 격식이 있을 수 없습니다. 생각나는 대로, 좋아하는 대로, 원하는 대로 때에 따라서는 낙서하듯 적어 놓으면 됩니다. 그런데 처음부터 크게 나오는 경우는 적습니다. 너무 조급하게 생각하지 말고 작은 것부터 큰 것으로 자꾸 축적시켜 가는 것이 필요합니다.

● 작은 꿈들을 소중하게 여기고 관리하라

큰 꿈은 보통 긴 시간이 필요한데, 그것만을 계속해서 바라보고 있노라면 힘이 떨어지는 경우가 생깁니다. 큰 꿈에 도달하는 과정에서 징검다리 역할을 하는 것은 바로 작은 꿈들입니다.

"그 주인이 이르되 잘하였도다 충성된 종아 네가 작은 일에 충성하였으매 내가 많은 것으로 네게 맡기리니 네 주인의 즐거움에 참예할지어다" (마태복음 25:21)

세계 평화를 위해 헌신하고자 하는 사람은 자신의 이웃에게 친절을 베푸는 일부터 시작해야 하며, 지구환경 보전운동에 참여하고자 하는 젊은이는 먼저 자기가 피다 남은 담배꽁초를 아무데나 버리지 말아야 합니다. 왜냐하면 바로 그 자리가 인류가 존재하는 자리이기 때문입니다. 자칫 큰 꿈만 바라보다가 허황된 사람이 될 수 있음을 경계해야 합니다.

인생은 수많은 단거리 경주로 이어진 장거리 마라톤입니다. 아무리 큰 꿈도 수많은 작은 행동들에 의해 뒷받침되지 않으면 결코 이루어지지 않습니다. 복권에 당첨되어 일확천금을 얻을 수는 있지만, 그 사람을 성공자의 명단에 끼워주지 않는 이유는 성공을 위한 수많은 작은 대가를 치르지 않았기 때문입니다.

작은 꿈들이 이루어질 때마다 간단한 자기보상을 한다면 다음 꿈을 향하는 발걸음이 훨씬 즐거울 것입니다. 시험을 앞두고 있는 학생이 '이번 중간고사에서 90점을 받으면 보고 싶은 영화를 감상한다' 라고 정해 놓는다면 준비하는 길이 즐거운 것이 되지 않겠습니까? 이처럼 꿈을 만드는 것도 중요하지만 꾸준히 관리하는 것도 그에 못지않게 매우 중요한 과제입니다.

〈나는 얼마나 꿈과 비전 지향적인가?〉

다음 문항을 읽고, 자신이 실행하고 있거나 생각하고 있는 정도에 따라 번호를 적어 보십시오.
(5:아주 그렇다 4:그렇다 3:그저 그렇다 2:아니다 1:전혀 아니다)

항 목	평가점수
1. 나는 나의 삶에 있어서 내가 진정으로 하고 싶은 일을 명확히 알고 있다.	
2. 나는 상상력이 풍부하다.	
3. 나는 국내 및 국제 변화에 대한 폭 넓은 이해를 하고 있다.	
4. 나는 나의 장점과 기회에 집중한다.	
5. 나는 이기적이 아니라 공동체와 국가에 헌신할 마음이 있다.	
6. 나는 연령에 관계없이 새로운 것을 추구하고자 노력하고 있다.	
7. 나는 지난 3년 동안 내 개인적으로 성취한 일이 많다.	
8. 나는 정보수집, 메모, 스크랩하기를 좋아한다.	
9. 나는 저축하는 것을 좋아한다.	
10. 나의 생각과 행동에는 일관성이 있다.	
11. 나는 미래를 생각하면서 투자를 많이 한다(독서, 건강, 인간관계, 새로운 경험 등).	
12. 나는 아무리 사소한 일에도 최선을 다한다.	
13. 나는 낙관적인 사고를 가지고 있다.	
14. 나는 모험심과 무엇인가에 도전하고 싶은 의욕이 있다.	
15. 나는 다른 사람을 비평하거나 내가 처해 있는 환경을 원망하지 않고 나의 행위나 처지에 대해 스스로 책임을 진다.	
16. 나는 다른 사람과의 관계를 잘 이루어 나가며 그들의 협조를 쉽게 얻어낼 수 있다.	
17 나는 조급하게 결과를 추구하지 않는 편이다	
18. 나는 나에게 주어지는 기회를 잘 포착할 수 있을 만큼 민감하다.	
19. 나는 매일매일의 삶이 의미가 있다고 자주 느낀다. 그리고 나의 하루하루의 생각과 행동은 내가 설정한 비전과 목표를 지향하고 있다.	
20. 나는 나의 생활과 행동을 잘 다스려 나간다.	
점 수 합 계	

(자료: 유성은, 미래설계와 목표관리)

80점 이상 : 꿈과 비전을 명확하게 기록하여 관리하고 있다고 할 수 있다.
60~79점 : 꿈과 비전은 있으나 머리 속에서 막연하게 존재하고 있다.
59점 이하 : 인생을 근본적으로 검토하는 시간을 가질 필요가 있다.

성공은 곧 균형이다

"우리의 적이 자녀들에게 좀 더 많은 것을 주기 위해 과도하게 일하라고 재촉하는 꼬임에 넘어가지 마라. 당신의 자녀들은 더 많은 것을 원하지 않는다. 그들이 정작 필요로 하는 것은 당신 자신이다."

일전에 매우 흥미 있게 읽은 스티브 파라의 〈삶의 마지막까지 쓰임 받는 하나님의 사람〉이라는 책에 나온 내용입니다. 삶의 균형이 얼마나 중요하고, 우리에게 있어 진정으로 가치 있는 것이 과연 무엇인가를 일깨워 주는 대목입니다.

"이·주·일"

한 때 정치인으로 잠시 외도를 한 적이 있지만 평생을 코미디언으로 살면서 우리에게 웃음을 끊임없이 전해준 사람으로 기억하고 있습니다. 폐암으로 사망하기 직전 그가 우리 모두에게 전해준 한 마디가 아직도 나의 뇌리에 남아 있습니다.

"이렇게 갈 줄 알았으면 가족들과 좀 더 많은 시간을 보낼 걸!"

가슴 아픈 회한입니다. 그래서 사람들은 정말 끝까지 지혜롭게 되기가 쉽지 않은가 봅니다. 삶과 죽음의 갈림길에 서 있을 때 비로소 가치관의 척도가 달라 보이는가 봅니다. 정말로 우리에게 소중한 것들이 무엇인지를 깨닫게 되는 것 같습니다.

인생의 불행은 그 삶의 길이가 짧다는 데 있는 게 아닙니다. 정말 소중한 것들을 너무 늦게 깨닫게 되는 데 있습니다.

멀리 있는 것보다 우리와 가장 가까이 있고, 흔한 것들이 세상에서 가장 소중하다는 사실을 아십니까? 물이 그렇고, 공기가 그렇습니다. 나 자신, 그리고 가족이 그렇습니다. 늘 그 자리에 있기에 소중한 것 같지가 않아 보입니다. 보석은 없어도 살지만 물과 공기가 없으면 단 5분도 살 수 없는데도 불구하고 고마움을 느끼지 못합니다. 나의 건강과 가족의 평강은 결코 돈만으로 살 수 있는 것이 아닙니다.

우리가 커다란 물체에 너무 가까이 가서 눈을 물체에 밀착하여 보면 아주 작은 부분 밖에 볼 수 없는 이치와 같습니다. 그래서 우리에게 가끔씩은 관조가 필요합니다. 이주일 씨가 본 것이 바로 이런 겁니다. 가장 흔하여 중요하지 않게 여겨졌던 것들에 대한 애절한 갈망이 아니겠습니까?

인간이란 자신의 한계에 직면했을 때 진실에 눈을 뜨고, 그리고 진정한 사랑의 마음이 생기는 것 같습니다. 그렇다면 일상에서 우리가 소중하게 다루면서 관심을 기울여야 하는 것은 무엇이어야 하겠습니까? 인생이란 다섯 개의 공을 계속 돌리면서 살아가는 과정의 연속입니다.

'일과 경제, 신체적 건강, 관계, 영혼/ 정신' 이라는 공입니다.

첫째, 사람은 누구나 자기가 하는 일에서 계속해서 좋은 성과를 내야하며, 탁월함을 위해서 꾸준히 지식과 기술을 연마해야 할 뿐만 아니라 배움을 게을리 해서는 안 됩니다. 때가 되면 승진도 해야 하는 것이며, 그것으로 성취욕구도 더 커져야 하는 것입니다. 왜냐 하면 우리는 하루의 많은 시간을 일의 현장에서 보내고 있을 뿐만 아니라, 경제적인 문제해결의 통로가 바로 일(직업)이기 때문입니다.

둘째로는 신체적으로 늘 활력이 넘치도록 건강을 관리해야 할 책임이 있습니다. 건강이란 운동만으로 유지되는 것이 아닙니다. 적절한 운동 이외에 충분한 영양을 섭취해야 함은 물론, 신선한 공기도 건강 유지에 빼놓을 수 없는 요소임을 잊어서는 안 될 것입니다. 지나친 흡연은 자신의 건강을 훼손시킬 뿐만 아니라 주변의 공기를 오염시켜 다른 사람들에게도 심각한 폐해를 끼칩니다. 특히, 스트레스는 만병의 근원이 되기에 충분합니다. 스트레스를 적절하게 관리할 수 있는 자신만의 방법을 개발하는 것이 건강유지에 많은 도움을 줍니다. 음악을 듣는다든지, 악기를 다루는 법을 배워둔다든지, 신앙생활을 한다든지 하는 것들입니다.

건강관리에 소홀히 하여 치명적인 병(생활 습관병)을 앓게 되면 자신이 고통스러워야 하는 것은 당연한 일이며, 주변을 경제적 신체적으로 황폐화시킨다는 사실을 깊이 깨달아야 합니다. 그러므로 내 몸이니 내 마음대로 해도 된다는 생각에서 벗어나길 바랍니다.

세 번째는 자신의 주변과 좋은 관계를 유지하도록 노력해야 합니다. 가정 내에서는 부부, 자녀와의 관계를 강화하기 위해 시간을 낼 수 있어야 합니다. 직장에서는 상하 좌우의 관계를 어떻게 맺느냐에 따라 직장생활의 성패가 좌우됩니다. 똑똑한 사람은 자기가 잘나서 그렇게 된 것이라는 착각에서 깨어나야 합니다. 누군가의 지원과 격려, 그리고 헌신이 없었다면 오늘날의 자신은 존재하지 않았을 것이라는 겸손한 자세를 가져야 할 것입니다.

"교만은 패망의 선봉이요 거만한 마음은 넘어짐의 앞잡이니라(잠언 16:18), 사람의 마음의 교만은 멸망의 선봉이요 겸손은 존귀의 앞잡이니라" (잠언 18:12)

겸손한 사람들은 나보다 남을 낫게 여기는 성품이 있습니다. 그리고 남을 편안하게 할 뿐만 아니라 즐겁게 하기도 합니다. 뭔가 나누기를 좋아합니다. 사람들은 아무리 사소한 것(물질)이라도 받으면 좋아하고 즐거워합니다. 작은 선물, 소액의 현금 등은 사람들과의 관계를 훈훈하게 하는 데 아주 좋은 매개체가 될 수 있습니다. 그리고 사람들은 자신을 위해 누군가가 시간을 쓰고 정성을 쏟는 마음을 고마워하며 기뻐합니다.

가까운 이웃, 그리고 더 나아가 세계의 어느 지역에 존재하는 모르는 인류를 위하여 작은 손길을 내밀 수 있는 자세를 갖도록 합시다. 큰 사람이 되고자 하는 사람은 작은 것에 먼저 충성하는 법을 배워야 합니다. 이를 영향력의 원을 확대하는 원리라고 합니다.

네 번째는 건전한 수입을 창출하되, 될수록 많이 창출할 수 있는 방법을 찾아 보십시오. 그리고 먼저 미래를 위해 저축을 한 후, 소비를 하는 것을 습관화하는 하는 것이 좋습니다. 오늘날 지나친 소비로 인하여 적자가계를 운영하는 가정이 너무나 많은 것은 대단히 우려스러운 일입니다. 많지 않은 수입이지만 가끔은 도움이 필요한 곳에 작은 보탬을 줄 수 있다면 분명 행복한 일일 것입니다.

다섯 번째는 자신의 영혼과 정신을 깨끗하게 정돈하는 것입니다. 사물과 현상에 대한 왜곡된 시각이 아닌, 있는 그대로의 사물과 현상을 바라보는 눈을 가지는 것은 중요합니다. 깨끗하고 정직한 영혼(spirit)이야말로 진정한 힘이 나오는 원천이 아니겠습니까? 좋은 음악을 듣는다거나 좋은 여행, 좋은 책, 그리고 건전한 신앙생활은 우리의 영혼을 혼탁한 세상으로부터 지켜주는 파수꾼이 될 것입니다.

그런데 이들 다섯 가지는 철저하게 상호의존적이라는 사실에 주목해야 합니다. 예를 들어, 건강이 나빠지면 나머지 네 가지 요소들에 바로 영향을 미칩니다. 그 기간이 오래 지속되다 보면 주변 사람들의 마음까지 황폐화될 수 있습니다. 다른 요소들이 나빠졌을 때도 거의 같은 정도로 영향을 미친다는 사실을 명심하십시오. 따라서 이들 다섯 가지 요소들을 균형적으로 관리할 수 있도록 해야 할 것입니다. 균형이 깨진 상태를 '불행'이라고 하고, 균형잡힌 상태를 '행복'이라고 해도 될 것입니다. 그래서 성공은 균형이요, 성공하면 즐거운 것입니다.

겉으로 보면 멀쩡하게 보이지만 균형이 깨진 삶으로 불면의 밤을 보내는 사람이 얼마나 많은지 모릅니다. 그래서 인생이란 끝날까지 굳건하게 지켜야 할 미완성의 프로젝트라는 것입니다. 결코 쉽지 않은 과제이지요. 여러분, 이제부터는 이들 다섯 가지를 중심으로 이루고 싶은 목표를 매년 구체적으로 정하여 실행해볼 것을 제안합니다. 여러분 모두의 성공을 기원합니다.

〈비전을 목표로 전환하기(1)〉

앞으로 1년 후에 당신의 현재 위상을 획기적으로 높여주는데 있어 반드시 해야 할 것을 정리하여 보십시오.

번호	목표설정 대상	이것을 성취하면 나의 현재 상황이 크게 달라질 것이다!
		구체적인 내용
1	일	
2	경제	
3	관계	
4	건강	
5	영혼	
6	기타	

제4장

얻기를
원하거든
놓을 줄도
알라

얻기를 원하거든 놓을 줄도 알라

"그에게 마리아라는 동생이 있어 주의 발 아래 앉아 그의 말씀을 듣더니 마르다는 준비하는 일이 많아 마음이 분주한지라 예수께 나아가 가로되 주여 내 동생이 나 혼자 일하게 두는 것을 생각지 아니하시나이까 저를 명하사 나를 도와주라 하소서

주께서 대답하여 가라사대 마르다야 마르다야 네가 많은 일로 염려하고 근심하나 그러나 몇 가지만 하든지 혹 한 가지만이라도 족하니라 마리아는 이 좋은 편을 택하였으니 빼앗기지 아니하리라 하시니라"
(누가복음 10:39-42)

이 메시지를 통하여 알 수 있는 한 가지 사실이 있습니다. 더 소중한 것에 시간과 에너지를 쓸 줄 알아야 한다는 사실을 가르쳐 주고 있습니다. 예수님의 전략적 사고를 엿볼 수 있는 대목입니다.

아프리카 원주민들이 원숭이를 아주 손쉽게 잡는 방법이 있습니다. 입구가 좁은 항아리를 원숭이가 자주 다니는 길에다 갖다 놓고 그들이 좋아하는 바나나를 하나씩 넣어둡니다. 얼마 지나지 않아 원숭이가 다가와서 보니 항아리에 바나나가 들어 있습니다. 손을 집어 넣고 바나나를 꺼내려고 합니다.

그러나 바나나를 집었기 때문에 손이 항아리 입구를 빠져 나올 수 없게 됩니다. 아침이 될 때까지 원숭이들은 바나나를 집은 손을 들었다 넣었다 똑같은 행위를 반복합니다. 날이 새어 사람이 다가오는 데도 원숭이들은 바나나를 놓치는 것이 아까워 그냥 있습니다. 이윽고 원숭이는 쉽게 잡히고 원주민들의 먹이가 됩니다.

"산다는 것은 선택하는 것이다."
실존 철학자 사르트르의 말입니다. 사람은 하루 종일, 그리고 평생 크고 작은 선택의 기로에서 고민하면서 살아야 합니다. 작게는 '아침에 무슨 옷을 입고 출근할까'에서부터 '점심은 무엇으로 해결하나'에 이르기까지 실로 다양한 상황에서 선택의 문제에 봉착하면서 살아갑니다. 그런데 이렇게 일상적인 작은 문제를 다룰 때는 큰 고민 없이 해결할 수 있지만, 취업을 위해 어떤 회사를 선택할 것인가, 혹은 A, B 두 사람 중에 누구를 배우자로 선택할 것인가 하는 과제에 직면해서는 문제가 좀 복잡해집니다.

그러나 어쨌든 우리는 선택의 문제에서 해방되어 살 수는 없습니다. 여기에서 한 가지 꼭 인식해야 할 것이 있습니다. 산다는 것은 선택하는 것이라고 하지만, 뒤집으면 산다는 것은 포기요, 버림을 의미합니다. 선택의 이면을 볼 줄 아는 지혜가 필요하다는 말입니다. 어떤 학생이 원하는 성적을 올리려면 일시적인 재미를 포기할 수 있어야 하고, 한 남자(여자)를 선택하여 결혼하기로 했으면 그 전에 알고 지냈던 이성과는 결혼에 관한 한 배제시켜야만 합니다. 머리를 깎고 절에 들어간 사람은 재물을 포기하지 않으면 안 됩니다. 그리고 건강하게 오래 살려면 지나친 흡연과 음주는 버려야 합니다.

그런 의미에서 사람들은 대부분 선택을 잘못해서 직면하게 되는 어려움보다는 버리지 못하여 겪게 되는 불행이 더 많습니다. 그래서 성공하는 사람들의 공통적인 특성은 잘 선택해서라기보다 버리는 데 과감해서 그렇다는 사실에 전적으로 동의합니다.

포기된 것을 비용으로 산출한 것을 가리켜 경제학에서는 기회비용(opportunity cost)이라고 합니다. 기회비용을 어떻게 처리하느냐 하는 문제는 그 사람의 가치관이 크게 작용합니다. 즉, 기회비용을 처리하는 방식이 그 사람의 인격을 대변하는 경우도 있습니다.

참고로 기회비용에 얽힌 한 가지 예를 들어 볼까요? 어떤 학생이 대학진학을 선택했을 때 감안해야 하는 비용은 얼마라고 생각해야 옳을까 하는 문제입니다.

여기에는 직장을 선택하지 못했기 때문에 포기된 소득(한 달에 월급을 150만원씩 받는다면, 150만원×48개월=7,200만원)과 학비로 지출하는 비용(연간 1천 만원씩 든다면, 1,000만원×4=4,000만원)을 합한 금액, 즉 1억 1천2백만원이 됩니다. 이런 비용개념이 있는 학생이라면 대학생활을 소홀히 보낼 수 없겠지요.

성공하는 사람들이 보편적으로 갖는 한 가지 특성을 과감하게 버리는 것이라고 했지만 이것이 결코 쉬운 일은 아닙니다. 왜냐하면, 원하는 것을 성취하는 데 불필요한 것을 버리는 것이 아니라 덜 필요한 것을 버려야 하기 때문입니다. 흡연과 음주가 완전히 불필요하다면 버리기가 식은 죽 먹듯 쉽지만 덜 필요한 것이기에 쉽지가 않은 것입니다.

"갈릴리 해변으로 지나가시다가 시몬과 안드레가 바다에 그물 던지는 것을 보시니 저희는 어부라 예수께서 가라사대 나를 따라 오너라 내가 너희로 사람을 낚는 어부가 되게 하리라 하시니 곧 그물을 버려두고 좇으니라" (마가복음 1:16-18)

시몬(베드로)과 그 형제 안드레가 예수님의 말씀을 듣고 자신들의 생업을 포기하고 예수님을 따르는 장면입니다. 선택한 것에 집중하여, 현재의 생업을 포기할 수 있는 그 믿음이 대단하다는 생각이 듭니다.

그런데 다소 극단적인 얘기 같지만, 잘 버리지 못하게 되면 수치스러운 일을 겪는 경우가 많다는 사실입니다. 한 남자(여자)를 선택해 놓고도 예전에 알고 지내던 이성을 못 잊어 만나고 있다면 간통죄로 당신은 법정에 가 있게 될지도 모릅니다. 부끄러운 일이지요. 이런 원리로 이해한다면, 꿈과 비전과 성취하는데 덜 필요한 것들을 일정 기간 동안 하지 않겠다는 결단이 없고서는 결단코 당신은 성공자의 모습이 되기 어렵습니다. 반드시 일시적인 만족에 대한 유보가 있어야 한다는 말입니다.

　불필요한 것은 쉽게 판단이 되어 버리기가 쉽습니다. 예를 들어, 깨진 그릇, 부패한 음식이라든가 낡은 가구 등이 그렇습니다. 그렇지만 우리가 버려야 할 것은 불필요한 것이기보다는 덜 필요한 것에 이르면 문제는 달라집니다. 버리기가 아깝습니다. 왠지 허전합니다. 손해나는 것 같습니다. 그래서 그것을 계속 붙들게 되어 문제를 일으킵니다.

　옛날 어떤 나라에 아주 현명한 임금이 있었습니다. 어느 날 그 임금이 신하들에게 아주 중요한 명령을 내립니다.

　"세상의 모든 진리를 파악해서 책으로 만들어 후대에 남기도록 하라."

　명령을 받은 충성스런 신하들이 열심히 세상의 진리를 끌어 모아 드디어 12권의 책으로 엮어 임금에게 가져갔습니다. 임금이 보기에 책의 분량이 너무나 많아 보였습니다. 그래서 다시 명령을 내립니다.

　"책이 너무 두꺼워 사람들이 부담스러워 보기 어렵겠으니 좀 더 줄여 보도록 하라."

　신하들이 다시 열심히 작업한 끝에 5권으로 만들어서 임금에게 가져갔습니다. 임금이 보기에 다섯 권도 너무 두껍게 느껴졌습니다. 그래서 다시 더 줄이라고 명령합니다.

　신하들이 한 권으로 줄여 들고 갔습니다. 왕은 또 그것도 두껍다고 생각하여 더 줄이라고 명령했습니다. 버리고 버린 끝에 결국 한 줄로 요약해 임금에게 보여줬더니 만족해 했습니다.

　"세상에 공짜는 없다, 대가를 지불하라(Free is not free, pay the price)."

순간의 요행을 바라는 사람들에게는 밥맛없는 말처럼 들리겠지만 참으로 멋진 말입니다. 이를 두고 우리는 자연의 법칙이라고 하며, 인과의 법칙(law of cause & effect)이라고도 합니다. 콩 심은 데서 콩이 나고, 팥을 심은 데서 팥이 나는 지극히 자연스런 원리입니다.

"모든 것이 가하나 모든 것이 유익한 것이 아니요 모든 것이 가하나 모든 것이 덕을 세우는 것이 아니니" (고린도전서 10:23)

그렇습니다. 밤새도록 술을 마실 수도 있고, 하루에 담배를 두 갑씩 피울 수도 있으며, 일 년 내내 책을 한 권도 안 읽을 수도 있고, 매사 부정적인 생각을 해도 그것은 우리의 자유입니다. 마음만 먹으면 모든 것이 가능한 자유의 세상을 우리는 살고 있습니다. 그러나 그것들이 일시적인 유희는 될 수 있어도 크게 유익하지 않을 뿐만 아니라 덕을 세우는데 도움이 되는 것이 아니라는 데 문제의 본질이 있습니다.

"너는 청년의 때 곧 곤고한 날이 이르기 전 나는 아무 낙이 없다고 할 해가 가깝기 전에 너의 창조자를 기억하라 해와 빛과 달과 별들이 어둡기 전에 비 뒤에 구름이 다시 일어나기 전에 그리하라" (전도서 12:1-2)

나이 들어 어려움이 닥치기 전에 철저하게 하나님의 관점에서 준비하라는 명령입니다. 너무 하찮은 것, 지금 보기에는 좋아 보여도 가치가 적은 것보다는 좀 더 길고 깊게 인생을 바라 볼 줄 알아야 한다는 애기겠지요.

실제로 원숭이가 사는 방법은 지극히 간단합니다. 바나나를 손에서 놓는 것입니다. 지금 당장은 중요한 것 같이 여겨지나 실제로는 하찮은 바로 그 바나나를 포기하는 것입니다. 바나나 한 조각보다 더 소중한 그의 생명을 얻기 위해서 말입니다.

언젠가 우리는 지금 버리지 못한 그것 때문에 형편없는 추수를 기대해야 할지도 모른다는 염려가 있습니까? 그렇다면 오늘 이 순간에 그것을 놓아 보십시오. 여러분에게 행운이 있길 기원합니다.

열 가지 재주 가진 놈 처자식 굶긴다

"형제들아 나는 아직 내가 잡은 줄로 여기지 아니하고 오직 한 일 즉 뒤에 있는 것을 잊어버리고 앞에 있는 것을 잡으려고 푯대를 향하여 그리스도 예수 안에서 하나님이 부르신 부름의 상을 위하여 좇아가노라" (빌립보서 3:13-14)

많은 사람들은 마이클 조던을 농구 황제로 기억합니다. 그러니 그가 한 때 크게 두 번이나 다른 스포츠(야구, 골프)로 외도한 적이 있다는 사실을 아는 사람은 많지 않은 것 같습니다. 그는 농구를 하다가 프로 야구에 입문하여 2년간 야구를 한 적이 있습니다. 그러나 큰 성과를 거두지 못하고 다시 농구 코트로 복귀하여 농구 황제라는 칭호를 얻었습니다.

그런데 그 다음에 농구 코트를 떠나면서 이번에는 골프로 이름을 날리겠다고 공언을 했습니다. 그러나 그가 골퍼로 성공했다는 기록은 보지 못했습니다. 그는 마지막으로 다시 농구 코트로 복귀하였고, 마치 물을 만난 물고기처럼 코트를 누비다가 멋진 모습으로 코트를 떠났습니다.

우리 속담에 '열 가지 재주 가진 놈 처자식 굶긴다' 는 얘기가 있습니다. 재주가 많으면 그 만큼 좋은 것인데, 그게 오히려 살아가는 데 득보다 실이 클 수도 있다는 말입니다. 열 가지에 시간과 에너지를 나누어 사용하다 보면 특별히 잘하는 것이 없어 독특성을 창출하지 못하게 된다는 의미입니다.

경영학 분야의 구루(대가)인 피터 드러커의 얘기는 우리가 가지고 있는 시간과 에너지를 어떻게 사용하는 것이 좋은가에 대한 기본적인 지침을 제공합니다. 기업이든 개인이든 성공하려면 가장 잘할 수 있는 분야(강점), 혹은 반드시 해야 하는 부분(가장 중요한 일)에는 85%의 시간과 에너지를, 10%는 좀 더 새롭게 배워야 할 분야에, 그리고 나머지 5%는 가장 약한 분야(약점)에 사용해야 한다고 충고하고 있습니다.

우리가 세월이 가도 특별히 잘 해내는 탁월성이 부족한 이유는 어쩌면 두루두루 잘 하려는 욕심 때문일지도 모릅니다. 가장 잘 할 수 있는 것, 아니면 반드시 해야 하는 중요한 것에 집중함으로써 경쟁력이 생깁니다. 이것이 바로 전략적인 사고입니다. 강점강화 일점집중의 사고방식입니다. 개인이나 기업이 구조조정을 할 때 적용해야 할 사고입니다. 내가 가장 잘 할 수 있고 중요하게 생각하는 분야는 강의와 컨설팅, 그리고 책을 쓰는 것이지 골프나 섹소폰을 잘하여 남을 감동시키는 것이 아닙니다. 그러나 골프와 섹소폰이 더 멋진 강의에 도움이 될 수 있다고 생각한다면 10%의 시간과 에너지를 사용하여 배울 수 있을 것입니다.

마이클 조던은 전반적으로 보통 사람들보다는 운동을 잘하겠지만 그 어떤 운동도 농구만큼 잘 해낼 수 없었던 것입니다. 농구에 그의 시간과 에너지를 쏟아 넣을 때야말로 그의 재능이 가장 빛난 것입니다.

마이크로 소프트를 창업한 빌 게이츠 회장은 아이디어를 현실화시키는 능력은 타의 추종을 불허할 만큼 뛰어나지만, 상업적인 분쟁을 해결하는 능력은 너무나 부족하다고 알려져 있습니다. 만일에 자신의 약점인 상업적인 분쟁을 해결하는 능력을 보완하기 위하여 노력하는 데 시간을 썼다면 오늘날 마이크로 소프트의 신화가 과연 가능했을까 하는 생각이 듭니다. 그의 약점은 사업 파트너인 스티브 발머가 대신하였습니다. 강점이 서로 결합되어 커다란 시너지를 만들어 내는 표본이라고 할 수 있습니다.

"우리가 알거니와 하나님을 사랑하는 자 곧 그 뜻대로 부르심을 입는 자들에게는 모든 것이 합력하여 선을 이루느니라" (로마서 8:28)

"철이 철을 날카롭게 하는 것같이 사람이 그 친구의 얼굴을 빛나게 하느니라" (잠언 27:17)

이처럼 상대의 강점과 나의 강점을 잘 활용하는 것도 굉장한 능력입니다. 그러므로 우리는 자신의 강점에 시간과 에너지를 쏟는 대신, 부족하고 약한 부분에 대해서는 개선 혹은 보완하거나 다른 사람의 도움을 받음으로써 높은 성과를 기대하는 것이 바람직한 자세라고 할 수 있을 것입니다.

하나님께서는 우리들 각자가 혼자서 잘하기보다는 여럿이 모여 힘을 합쳐서 일을 해나가기를 강력히 원합니다. 성부와 성자와 성령이 하나가 되어 역사하듯, 우리도 부족한 지체들이 모여 완전한 하나 되기를 원하시는 것이 아니겠습니까? 그래서 완벽한 사람이 세상에 한 사람도 없는 이유는 바로 우리로 하여금 서로 합력하여 더 좋은 것, 값진 것을 만들어 내라는 의미일 것입니다. 협력과 조화의 정신이 지극히 성경적인 것은 바로 이 때문입니다.

그런데 합력하는 방법이 있습니다. 서로가 가지고 있는 약점보다는 강점이 합쳐지는 것이 더 큰 성과를 냅니다. 이를 가리켜 시너지 효과라고 합니다. 자신의 약점을 개선하고 보완하려고 하기보다는 강점을 더욱 강화시키는 것이 중요하며, 더 큰 효과를 냅니다. 그러나 아무리 그래도 약점을 개선하거나 보완하는데 소홀히 해서는 안 됩니다. 왜냐하면 자칫 약점 때문에 강점이 영향을 받을 수가 있기 때문입니다. 예를 들어, 어떤 사람이 업무능력은 탁월한데 남과 협력하고 타협하지 못하는 성품을 지녔다면 그의 업무적 탁월성은 한계를 가질 수 있습니다. 그래서 궁극적으로 우리에게는 '약점보완'의 태도가 필요합니다. 그러나 여기에는 10-15%의 에너지만 사용하도록 하십시오.

강점강화의 사고를 전략적 사고라고 하는 반면, 약점개선 및 보완의

사고를 관리적 사고라고 합니다. 결과적으로 우리에게는 전략적 사고와 관리적 사고가 균형적으로 작동될 수 있도록 하는 것이 자신을 좀 더 완벽해지도록 다듬어가는 과정이라고 할 수 있을 것입니다.

성공하지 못하는 사람들은 대체적으로 약점을 보완하는 데 골몰하거나 시간과 에너지를 투입하는 모습을 보입니다. 보통의 샐러리맨들이 퇴직 후에 어려움을 겪는 이유는 그들이 가진 지식이 다른 사람들에 의해 쉽게 대체될 수 있는 일반지식에 머무르고 있기 때문입니다. 좀 더 전문화된 지식을 체득하는 데 시간과 에너지를 쓰는 것을 습관화하는 것이 중요합니다. 즉, 자신이 지닌 강점을 중심으로 지식과 기술을 연마할 수 있도록 힘씀으로써 좀 더 즐거운 인생을 맞이할 수 있을 것입니다.

오늘날 직업의 패러다임이 과거와는 진혀 다른 모습으로 변화되고 있다는 사실에 주목해야 합니다. 산업사회에서는 한 장소(사무실 혹은 공장)에서 일 할 수밖에 없었지만, 이제는 작업방식에 시간과 공간의 개념이 사라지고 있습니다.

오늘날 프리에이전트(free agent)가 계속 증가하는 이유는 일하는 방식이 과거와 다르기 때문입니다. 미국에는 현재 약 3,500만-4,000만 정도의 인력이 프리에이전트로 일하고 있습니다. 우리나라도 이러한 추세가 점차적으로 보편화될 것으로 예측됩니다. 이런 시대에서는 어느 회사를 다니느냐보다 무슨 일을 하느냐가 더 중요해집니다.

이른 바 개인이 브랜드화(personal branding)되고 있다는 뜻입니다. 브랜드의 가치에 따라 고객들이 지불하고자 하는 가격이 달라지듯 개인의 역량에 따라 소득이 결정되고 있음을 경험하는 것은 이제 전혀 새로운 현상이 아니라고 인정하는 시대가 되었습니다. 과거 산업사회의 대표적인 특징인 획일적인 구조 속에서는 도저히 상상도 할 수 없는 일들이 도처에서 일어납니다.

지식과 정보기술에 기반을 둔 인터넷의 영향으로 인하여 일을 수행하는 프로세스나 방식에 있어 과거와는 전혀 다른 양상으로 전개되리라는 것은 이제 누구나 쉽게 이해합니다. 시장의 변화 속도에 유연하고 빠르게 적응하려면 언제 어디서나 뭉치고 흩어지는 프로젝트 성격의 일이 많아질 수밖에 없습니다. 과거의 관료화되고 구조화되어 변화가 쉽지 않은 조직구조를 가지고는 업무를 처리하기가 점차적으로 어려워질 수밖에 없으며, 그런 일에 종사하는 사람들의 소득은 상대적으로 낮아질 수밖에 없을 것입니다.

"이기기를 다투는 자마다 절제하나니" (고린도전서 9:25)

끝이 뭉툭한 송곳으로는 결코 철판을 뚫을 수 없으며, 오목렌즈로는 아무리 노력을 해도 헝겊을 태울 수 없습니다. 당신의 시간과 에너지를 흩어 사용하지 마십시오. 여러 가지 일에 시간과 에너지를 사용하고 싶은 욕구를 억제해야 합니다. 당신이 가용할 수 있는 시간과 자원을 모으고 또 모아 소수의 강점에 사용하시기 바랍니다. 전문성을 키워 놓아야 생존이 가능한 시대임을 깊이 인식하시기 바랍니다. 자신의 경쟁력은 궁극적으로 얼마나 많은 사람들에게 내가 가진 것을 나누어 줄 수 있느냐에 따라 결정된다는 사실을 명심하십시오. 그렇다면 무엇보다 내가 나누어 줄 수 있는 것이 무엇인지 결정하여 그것을 향하여 일점집중(一點集中)하시기 바랍니다. 당신의 미래는 거기에서 결판이 납니다.

크로노스를 카이로스로 전환하라

"너는 청년의 때 곧 곤고한 날이 이르기 전 나는 아무 낙이 없다고 할 해가 가깝기 전에 너의 창조자를 기억하라 해와 빛과 달과 별들이 어둡기 전에 비 뒤에 구름이 다시 일어나기 전에 그리하라" (전도서 12:1-2)

"그런즉 너희가 어떻게 행할 것을 자세히 주의하여 지혜 없는 자 같이 말고 오직 지혜 있는 자 같이 하여 세월을 아끼라 때가 악하느니라" (에베소서 5:15-16)

집중화의 원리와 관련하여 또 한 가지 생각해야 할 것이 있습니다. 시간을 어떻게 하면 질적(quality-oriented)으로 관리할 수 있을까 하는 부분입니다. 같은 10년의 세월을 살아도 이루어 놓은 성취의 차이는 사람마다 매우 다릅니다. 굳이 시간의 의미를 얘기하자면, 10년이란 시간은 누구에게나 공평하게 주어지는 물리적 시간 즉, 양적인 시간으로써 크로노스(chronos)라고 합니다. 반면에 카이로스(kairos)는 질적인 시간개념입니다. 의미있는 순간이며, 가치있는 순간이기도 합니다.

과거 입학시험에 합격한 순간, 사랑하는 사람과의 첫 키스, 첫날 밤 등은 모두 카이로스입니다. 대부분 성공하는 사람은 크로노스를 카이로스화 하여 관리하는 사람들입니다. 즉, 누구에게나 공평하게 주어지는 물리적인 시간을 질적인 개념의 시간으로 전환하여 시간의 가치를 높인 결과입니다.

따라서 시간을 크로노스로 사용하는 사람들은 시간이 좀 남으면 시간을 죽이는(killing time) 데 몰두하지만, 카이로스를 가치있게 여기는 사람들은 꿈과 목표에 몰두합니다. 근본적으로 시간을 이해하고 사용하는 방식에서 차이가 나기 때문에 시간이 지날수록 격차가 심하게 벌어지는 것입니다. 40대 초·중반을 기점으로 보면 그 사람의 살아 온 시간의 무게를 짐작할 수 있습니다.

진심으로 사랑하는 사람과 만나는 1시간은 잡담을 하면서 보내는 5시간과 전혀 다른 가치가 있으며, 고객을 만족시키기 위하여 전심전력을 다하여 노력하는 사업자의 5분은 별 의미없이 고객과 잡담하는 1시간보다 훨씬 큰 가치를 창조하고자 합니다.

시간을 카이로스로 받아들이는 사람은 결코 시간의 길이에 속박당하지 않습니다. 그에게 있어 모든 시간은 소중한 가치를 창출하는 데 필요한 기회의 순간입니다.

이처럼 시간을 질적인 차원으로 인식한다는 것은 매우 커다란 삶의 변화를 가져다줍니다. 소중한 것들에 시간을 쓰는 습관이 생기기 시작합니다. 그러려면 자신에게 과연 소중한 것들이 무엇인지 확인하고, 정리하는 작업을 시작해야만 합니다. 소중한 것들이야말로 우리에게 주어진 크로노스의 시간을 카이로스로 만들 수 있는 내용들이기 때문입니다.

스티븐 코비의 'First Things First(소중한 것을 먼저 하라)'는 우리에게 카이로스 지향의 시간관리 모델을 명쾌하게 보여 주고 있습니다. 매우 의미 있고, 활용가치가 높습니다.

〈질적 시간관리 모형〉

중요도 \ 긴급도	높다	낮다
높다	제1 상한	제3 상한
낮다	제2 상한	제4 상한

가장 우선순위가 높은 상한은 어디라고 생각하십니까? 당연히 제1 상한이겠지요. 예를 들어, 갑자기 복통이 생깁니다. 그러면 만사 뒤로 하고 병원이나 약국을 가야 하는 겁니다. 급하고 중요한 문제이기 때문입니다. 기한이 정해진 업무 및 프로젝트 등이 또한 여기에 속합니다. 그런데 제1 상한의 일은 굳이 누가 가르쳐주지 않아도 다들 잘 압니다.

그런데 구분하기 어려운 부분이 제2 상한과 제3 상한에 속하는 일들입니다. 어느 쪽이 우선순위가 높겠습니까? 제2 상한의 일들은 대개 급한 회의 혹은 주말 집들이나 결혼식 혹은 전혀 계획이 없는 가운데 이루어지는 즉흥적인 일 등과 같은 것들입니다. 문제는 이런 일들이 마치 중요한 일들처럼 여겨진다는데 있습니다. 우리를 손짓하며 그것을 먼저 하라고 재촉합니다. 그래서 제2 상한에 속하는 일을 현혹의 영역이라고 합니다. 우리를 헷갈리게 만들기 때문입니다.

그런데 성공하는 사람들은 제3 상한의 일에 매일매일 일정한 시간을 씁니다. 가족의 재정적 안정을 위해 준비하는 일, 새로운 기회의 발견, 좋은 인간관계, 진정한 여가, 심신을 단련하는 일, 비전과 가치를 정립하는 일 등이 여기에 속합니다.

이러한 것들은 지금 당장 급하지는 않지만 우리가 살아가는 데 매우 중요한 요소들입니다. 그래서 제3 상한을 자기 리더십 상한이라고 합니다. 정말로 소중하게 다루어야 할 것들입니다.

그런데 한 가지 명심할 것이 있습니다. 제3 상한의 일들을 평소에 조금씩 해두지 않는다면 시간이 흘러 어느 시점을 지나면서 제1 상한의 일이 많아지기 시작합니다. 그때부터 인생이 심각해집니다. 준비가 안 된 상태에서 실직하는 가장, 진급에 필요한 업무역량을 미리 쌓아놓지 못한 직장인, 저축액수가 너무 적어 장래가 불안한 가족, 내년 혹은 그 후의 사업기회를 찾지 않는 사업가들이 우리 주변에는 너무나 많습니다.

청년의 때를 지나 곤고한 날이 우리 앞에 닥쳐 이제 아무런 즐거움이 없다고 할 그 시점이 도래하기 전에, 소중한 것들을 챙기고 준비하는 자세를 갖게 되기를 소원합니다. 세월을 아끼고 소중한 것에 시간을 사용하는 습관을 가져 보십시오.

"술 취하고 탐식하는 자는 가난하여질 것이요 잠자기를 즐겨하는 자는 헤어진 옷을 입을 것임이라" (잠언 23:21)

우리나라가 40대 남성 사망률에서 세계 1위라는 것은 결코 우연이 아닙니다. 업무 스트레스가 상대적으로 많은 것도 문제이긴 하지만 평소 지나친 음주와 흡연이 원인이 되는 부분도 많다는 사실을 명심해야 할 것입니다. 음주량으로 따지면 세계 랭킹 1, 2위를 다투는 것이 바로 우리나라입니다. 혹시 우리 중 누군가가 아직은 젊다는 이유 하나만으로 건강 문제에 지나치게 관대하지는 않습니까? 지금 바로 재고해볼 필요가 있습니다.

술을 좋아하는 사람은 술값으로 지출하는 돈이 많아 저축의 기회를 앗아가기도 하지만, 술 때문에 저지르는 실수와 술로 인하여 병이 나서 치료비에 들어가는 돈 때문에 가난하여진다는 말로 확대해서 이해해야 할 것입니다.

마지막으로 제4 상한인데, 무조건 회피해야 할 것들입니다. 그래서 낭비의 상한입니다. 쓸데없는 잡담, 의미없는 독서, 지나친 TV 시청, 사소한 말다툼 등 헤아릴 수 없을 만큼 많을 수 있습니다. 포기해도 별로 아깝지 않은 대상들이 몰려 있는 영역입니다.

"네가 좀 더 자자 좀 더 졸자 손을 모으고 좀 더 눕자 하니 네 빈궁이 강도같이 오며 네 곤핍이 군사같이 이르리라" (잠언 24:33-34)

인간의 게으름에 대한 경고입니다. 제4 상한에 시간을 쓰는 것에 대한 엄중한 메시지입니다. 지하철을 타고 출퇴근을 할 때마다 보고 느끼는 광경이 있습니다. 아침 저녁 그 소중한 시간을 정말로 의미없는 독서와 오락으로 보내는 사람이 너무나 많습니다. 부족한 잠을 보충하는 시간으로 삼든지 좋은 책을 읽으면서 보낼 수도 있을 텐데, 출퇴근 시간 모두 합쳐 족히 2시간 이상 되는 시간을 그냥 보내고 있는 것이 너무나 안타깝습니다. 한 달이면 50여 시간이요, 1년이면 600여 시간 이상이나 되는 어마어마한 자산을 길에다 뿌리는 것입니다. 자신의 지갑에 있는 돈 10,000원은 그렇게 애지중지하면서 시간자원은 보이지 않는다는 이유로 그렇게 탕진해도 괜찮은건지 잘 모르겠습니다.

SMART 법칙

"운동장에서 달음질하는 자들이 다 달아날지라도 오직 상 얻는 자는 하나인 줄을 너희가 알지 못하느냐 너희도 얻도록 이와 같이 달음질하라 이기기를 다투는 자마다 모든 일에 절제하나니 저희는 썩을 면류관을 얻고자 하되 우리는 썩지 아니할 것을 얻고자 하노라 그러므로 내가 달음질하기를 향방 없는 것 같이 아니하고 싸우기를 허공을 치는 것 같이 아니하여" (고린도전서 9:24-26)

마라톤의 풀코스를 완주하려면 42.195km를 달려야 합니다. 누구에게나 지루하고 고통스러운 길입니다. 인생을 마라톤 경주에 비유하는 경우가 많은 데, 꼭 그 거리가 길어서만은 아닌 것 같습니다. 여정 중에 겪는 고통과 괴로움과 때에 따라 포기하고 싶은 마음이 생기는 것에 유사한 점이 많기 때문일 것입니다.

스타트 라인에 서 있는 마라토너의 심정은 아마도 모두 비슷하지 않을까 생각합니다. 첫째는 완주하는 것, 둘째는 자신의 과거 기록을 깨는 것!

이를 위해서는 42.195km를 어떻게 뛸까를 사전에 계획하지 않으면 안 됩니다. 예를 들어, 10km까지는 어떻게 뛰고, 그 다음 10km는 어떻게… 하는 식으로 구간 구간마다 적절한 목표가 없으면 풀코스를 완주하기가 어려울 뿐더러 제 기록을 내기도 어렵습니다.

바로 이 원리가 목표설정의 원리와 동일합니다. 인생은 충분히 길지만 수많은 단거리가 연결된 장거리 경주같은 것입니다. 그러므로 지금 내 앞에 주어진 100m를 어떻게 뛸 것인가에 대한 분명한 목표와 계획을 세우는 것이야말로 자신의 비전을 성공적으로 이루어낼 수 있느냐 없느냐를 결정짓는 척도가 됩니다.

마라톤의 골인지점은 마치 자신이 성취해야 할 평생의 비전과 같습니다. 마라톤의 풀코스를 단숨에 달릴 수 없듯이 우리의 비전도 그러합니다. "훌륭한 의사가 되어 많은 환자들에게 삶의 희망을 준다" 라는 사명과 비전을 가진 사람에게는 가장 먼저 의사가 되기 위해 의과대학에 진학해야 하는 과정이 필요합니다. 이를 가리켜 비전을 향해 가는 데 건너야 할 징검다리라고 합니다. 하나의 징검다리를 건너면 또 다른 징검다리가 기다리고 있습니다. 바로 이 징검다리를 목표(objectives)라고 하는 것입니다.

일반적으로 분명한 목표가 없이 하는 행동의 결과는 대부분 엉뚱한 결과를 낳습니다. 그만큼 올바른 목표의 설정이 중요합니다. 그리고 또 한 가지 염두에 두어야 할 것은 비전과 목표는 그 방향이 일치하여야 한다는 것입니다. 이러한 원칙을 정렬의 원리(law of alignment)라고 합니다. 아주 극단적으로 얘기해서, 비전은 훌륭한 의사가 되어 많은 환자들에게 삶의 희망을 찾도록 하는 것인데 전자공학과에 입학하는 것을 목표로 정해서는 안 된다는 말입니다. 한마디로 비전과 목표의 정렬이 안 된 것입니다.

그러나 대부분의 경우 꿈과 비전이 분명치 않으니 목표가 막연해지는 경우가 많습니다. 여기에서는 비전이 설계되었다는 것을 전제로 어떻게 하면 훌륭한 목표를 설계할 것인지에 대해 얘기해 보기로 하겠습니다.

기본적으로 좋은 목표라면 SMART 법칙에 맞는 목표여야 합니다. 경기에 규칙이 있듯이 목표설정에도 규칙이 있다는 사실을 명심하십시오.

〈목표설정의 기본 원칙〉

SMART	Specific(구체적)
	Measurable(측정가능)
	Action-oriented(행동중심)
	Realistic(현실적이며 결과지향)
	Time-Based(시간제한)

첫째, 구체적이어야 한다(Specific)

'공부를 한다' 보다는 '영어공부를 한다' 가 더 구체적입니다. 이보다 더 구체적인 목표가 되려면 '영어독해를 공부한다' 가 낫다고 할 수 있습니다. 구체화된 목표일수록 목표에 대한 간절함이 더 커지게 됩니다.

둘째, 측정 가능해야 한다(Measurable)

측정 가능의 문제를 얘기할 때 늘 등장하는 메시지가 있습니다.

"측정하지 못하면 관리하지 못한다."

목표가 달성되었는지 여부를 정확하게 알 수 있는 방법은 바로 목표를 측정 가능하도록 수치화시키는 것입니다. 영어독해 공부를 하되, '하루에 5페이지씩' 이라고 하면 매일매일 목표와 실제와의 차이를 파악할 수 있어 평가가 가능하게 됩니다.

셋째, 현실적이며 결과 지향적이어야 한다(Realistic & Result-oriented)

영어를 처음 배우는 사람이 '1년 안에 영어를 마스터한다' 라는 목표를 세웠다면 그것은 분명 성취하기 어려운 목표일 것입니다. 그런 목표는 희망사항일 수는 있으나 올바른 목표라고 볼 수는 없습니다. 터무니없이 높은 목표를 세워 놓고 중간에 쉽게 좌절하게 되면 목표가 오히려 해가 되기도 합니다. 많은 좌절을 주기 때문입니다. 목표에 대한 거부의 태도 혹은 목표에 대한 혐오증은 바로 터무니없이 세워진 목표 때문이라는 데 주목해야 할 것입니다.

다음의 목표들이 현실적인지 비현실적인지 판단하여 체크하여 보십시오.

- 수영으로 1마일을 간다. (현실 혹은 비현실)

- 수영으로 태평양을 건넌다. (현실 혹은 비현실)
- 어지러울 때까지 숨을 참는다. (현실 혹은 비현실)
- 1년 안에 피아노를 배운다. (현실 혹은 비현실)

그리고 목표는 반드시 어떤 결과나 추구하는 상태로 표현되어야 합니다. 목표가 간혹 활동과 혼동하기 쉬운 경우가 있긴 하지만, 목표는 결과이며 활동은 과정입니다. 따라서 '돈을 많이 저축한다' 는 불충분한 목표의 표현입니다. '1년에 100만원 저축한다' 와 같이 분명한 결과가 나타날 수 있도록 표현되는 것이어야 합니다.

넷째, 행동 지향적이어야 한다(Action-oriented).

만약에 누군가로부터 "금년도 당신의 목표는 무엇입니까?" 라는 질문을 받는다면 어떻게 대답하시겠습니까? 매출 신장, 건강, 가족의 화평, 책 많이 읽기, 친절한 사람되기 등으로 표현했다면 바른 대답이 아닙니다. '하루 30분씩 조깅한다, 하루에 세 사람에게 칭찬의 말을 한다' 등으로 표현되어야 하는 것이 맞습니다. 이렇게 정하는 것이 우리에게 행동을 유발하도록 하는 동기와 힘을 주는 목표라고 할 수 있을 것입니다.

다섯째, 시간 개념이 들어가도록 수립되어야 한다(Time-based).

목표란 반드시 제한된 시간 안에 이루어야 하는 대상입니다. 꽃이 아름다운 것은 얼마 지나지 않아 시들어지기 때문이요, 인생이 살 만한 것은 우리의 생명이 유한하기 때문입니다. 일 년 내내 피어 있는 꽃이나 엿가락처럼 길기만 한 인생이 별로 재미없기는 매 한 가지입니다. 스포츠가 재미있는 것은 적절한 제한 시간 안에 득점을 해야 하는 규칙이 있는 게임이기 때문입니다.

1월 1일에서 12월 31일까지, 혹은 월요일에서 토요일까지 등 명확하게 시간 개념이 들어 있지 않은 목표는 바른 목표라고 볼 수 없습니다. 시간 개념은 우리에게 도전할 가치를 줍니다. 긴장과 열정을 불러일으킵니다.

그런데 아시다시피 목표를 성취해 나가는 과정에서는 반드시 여러 가지 장애를 만나게 됩니다. 따라서 장애를 적절하게 제거할 수 있는 대책을 사전에 세워두는 작업도 필요할 것입니다.

첫째, 상황적 장애입니다. 예기치 않은 상황이 목표성취를 어렵게 만드는 경우라고 할 수 있습니다. 예를 들어, 어떤 맞벌이 부부가 직장을 계속 다녀야만 매년 2,000만원씩을 저축하여 5년 후에 집을 마련하게 되는 데, 아이가 태어나서 직장을 계속해서 다니기 어렵게 된다면 이런 경우 이를 상황적 장애라고 할 수 있습니다. 이런 경우에는 어떻게 해결할 것인지 미리 대비해두는 것이 좋겠지요.

둘째, 물리적 장애입니다. 목표를 성취하는 데 필요한 적절한 도구(tool)가 부족하거나 없는 경우의 문제입니다. 녹음기를 통해서 영어를 배우면 훨씬 학습효과를 높일 수 있을 것 같은 데 아직 녹음기가 준비되어 있지 않거나 그것을 마련할 만한 자금이 준비되어 있지 않아서 생기는 문제입니다. 혹은 녹음기가 있는데 고장이 나 있다면 이는 물리적 장애에 속합니다.

셋째는 심리적 장애입니다. 세 가지 장애 중 가장 극복하기 어려운 장애가 될 수 있습니다. 과연 내가 그것을 할 수 있을까 하는 자신감의 결여, 혹은 과연 목표가 잘 이루어질까 하는 믿음의 부족은 분명 우리의 목표를 성취하는 데 커다란 걸림돌이 됩니다. 의심은 곧 두려움을 낳습니다. 심리적 장애를 극복하지 못하면 다른 장애물들이 몹시 커 보일 수가 있습니다.

   다음은 목표설정 양식을 예시한 것입니다. 잘 활용하시면 많은 도움이 될 것으로 확신합니다.

〈비전을 목표로 전환하기(2)〉

앞에서 정리한 '비전을 목표로 전환하기(1)'의 각각의 항목들을 아래의 형식으로 정리하여 보십시오.

목표설정을 위한 주요 항목	주 요 내 용
1. 목표 서술문	(예) 2011년 1월 1일부터 12월 31일까지 정보처리기사 1급 자격을 취득한다. 이 목표를 성취하기 위해서 나는 전문학원에 등록하여 하루 2시간씩 지식과 기술을 습득하며, 주말(토.일)에는 각각 5시간씩 시간을 투자한다.
2. 예상되는 장애 및 제거방법 (상황적, 물리적, 심리적)	● 상황적 장애 및 제거방법 장애요인 : 아이를 출산하여 육아에 시간을 많이 써야 하며, 육아비용 때문에 학원을 다니기 어렵다. 그리고 남편에게 육아의 일부에 대해 도움을 요청한다. 제거방법 : 온라인으로 학습할 수 있는지 알아 보고 활용한다. ● 물리적 장애 및 제거방법 장애요인 : 시간의 제약을 극복할 수 있는 도구가 없다. 제거방법 : PDP를 구매하여 어디서든지 원하는 과목을 들을 수 있도록 한다. ● 심리적 장애 및 제거방법 장애요인 : 원하는 성과를 거둘 수 있을지 의문이다. 육아를 핑계 삼아 마음이 해이해질지도 모른다. 제거방법 : 나와 비슷한 처지에서 성공한 사람들의 경험담을 수시로 들으며, 그들에게 상담을 청한다.
3. 목표가 성취되면 나에게 어떤 이점이 있는가?	자격증 수당을 매월 20만원 받을 수 있다. 자신감을 얻을 수 있다. 성취감을 맛 볼 수 있다. 업무의 효율을 높일 수 있다. 재택근무의 기반을 만들 수 있다.

무계획은 **실패**를 계획하는 것

"사람이 마음으로 그 길을 계획할지라도 그 걸음을 인도하는 자는 여호와시니라" (잠언 16:9)

비전과 목표가 실제로 실행계획과 맞물려 있지 못할 때 그것들은 거의 모두 무용지물이 되는 경우를 많이 봅니다. 그래서 비전과 목표는 전략의 영역이지만 실행계획을 짜는 것은 철저하게 전술의 영역입니다. 전략은 방향이요 이정표이지만 계획과 실행은 실제로 뿌리고 거두는 현장의 활동이 함축되어져야 합니다.

비전과 목표가 얼마나 효율적으로, 그리고 효과적으로 성취될 것인가 하는 부분은 순전히 실행계획의 수준에 달려 있다고 해도 과언이 아닙니다.

다음과 같은 목표가 있다고 가정해 봅시다.

"1년 안에 체중을 12kg 감량(80kg → 68kg)한다."

이런 경우에는 먼저 목표 쪼개기를 합니다. 즉, 12kg을 1년 동안 감량하는 것이므로 1개월에 1kg을 감량하면 되겠지요. 목표 쪼개기는 목표에 대한 부담감을 줄여 주는 효과가 있어 좋습니다.

그 다음 단계로 구체적인 실행계획을 수립합니다. 시간을 잘 관리하려면 무엇보다도 구체적이고 명확한 활동계획을 작성하는 것이 중요합니다. 활동계획이 구체화되지 못하면 시간을 통제하지 못하여 목표를 성취하는 데 어려움을 겪습니다. 실행계획이란 반드시 시간 관리의 차원과 연계되어 이루어질 수밖에 없으므로 여기에서는 시간 관리의 관점에서 실행계획을 어떤 방법으로 짤 것인가에 초점을 맞춰 몇 가지 제안을 해봅니다.

첫째, 실행계획은 반드시 목표에 준거해서 활동목록을 작성하는 데 초점을 두어야 합니다.

위에서 체중감량 목표가 세워졌음에도 불구하고 매일 매일의 활동계획에 우선순위의 앞부분이 목표와 관련이 없는 것으로 채워져 있다는 것은 목표를 성취하고 싶다는 간절함이 부족함을 보여 주는 현상입니다. 따라서 그 목표가 진정으로 가치있는 목표라고 생각한다면 반드시 수첩이나 다이어리에는 관련되는 활동들이 구체화된 모습으로 기록되어 있어야 합니다.

둘째, 월간, 주간, 일간 계획으로 구체화시켜야 합니다.

월 목표는 주간 목표로 쪼개지며, 주간 목표는 일(日) 목표로 쪼개짐으로써 하루하루 계획 대비 성과를 확인하면 다시 실행하고자 하는 동기부여가 생기게 됩니다. 작은 성공을 이룸으로써 동일한 행위가 반복되는 수단적 조건화에 의한 학습효과가 있습니다.

셋째, 시간계획을 세우면 그대로 실천하는 것을 습관화하십시오.

누구든지 습관화되어 있지 않은 행동을 한다는 것은 쉽지 않습니다. 관성이 안 되어 있기 때문입니다. 관성의 법칙이란 반드시 이동하는 물체에서만 적용되는 내용이 아닙니다. 사람의 행동에도 매우 강한 관성이 존재합니다. 흡연을 하던 사람이 갑자기 금연을 하기가 어렵고, 아침에 늦잠을 자던 사람이 30분 일찍 일어나기가 어려운 것도 모두 관성의 결과입니다. 그러므로 행동을 할 때는 아주 단순하게 생각하는 것이 좋습니다. 수첩에 있기 때문에 하는 것이라고 쉽게 생각해 보십시오. 훨씬 실천이 쉬워집니다.

다음은 실행계획표를 간단하게 보여 주는 자료입니다.

실행계획표를 보면 알 수 있듯이 계획이란 자신이 가지고 있는 자원 배분의 문제를 다룹니다. 즉, 어디에 더 많은 자원을 투입하고 사용할 것인가 하는 것은 순전히 계획의 몫입니다. 그러므로 당신의 계획 속에 바로 당신의 가치와 비전, 그리고 목표가 있다는 사실을 알아야 합니다. 가족과의 즐거운 대화와 화합을 위한 노력을 실질적으로 하지 않으면서 가족이 정말 가치 있고 중요하다고 말하지 말아야 합니다. 나는 지금 일주일에 한 번씩 맛있는 식사를 해야 한다는 식으로 가족의 중요성을 강조하려는 것이 결코 아닙니다. 그렇다고 당신이 일 때문에 너무 바빠 함께 대화하고 즐거운 시간을 가질 수 없고, 함께 식사할 시간이 없다는 것에 대한 변명을 들으려고 하는 것은 더욱 아닙

〈실행 계획표〉

목 표	1년 안에 12kg을 감량(80kg→68kg)한다. (1kg/월, 250g/주)
예 산	38만원
	헬스클럽 등록비(6개월×5만원=30만원) 체지방을 함께 측정할 수 있는 체중계 구매(8만원)
행동습관	칼로리 조절(잡곡밥을 섭취하되, 식사량을 평소의 70% 유지) 당분 함량이 적은 과일과 채소의 섭취 비율을 높임 짠 음식을 피함 7시 이전에 저녁식사를 끝냄 물 2리터 섭취
운 동	헬스 : 주 3회 조깅 및 걷기 : 주 2회 등산 : 월 2회
기 타	간식은 철저하게 통제함 회식 횟수를 50%로 줄임

니다. 그래서 우리에게는 지혜가 필요하다는 것을 말하고 싶은 것입니다. 우리가 지혜를 발휘한다면 만나는 횟수나 시간이 적더라도 훨씬 밀도 있는 커뮤니케이션을 할 수 있다는 것을 말하고 싶은 것입니다.

중요한 것에 시간을 할애할 지혜를 모아 봅시다. 정말 바빠서 독서할 시간이 없다면 자가용 이용을 절반으로 줄여 지하철을 이용할 수도 있을 것이며, 체중을 줄이고 싶은데 운동할 시간이 없다면 엘리베이터를 타는 대신에 계단을 이용할 수도 있을 것입니다. 그리고 가족과의 대화가 부족하다고 생각한다면 간단한 쪽지를 이용하면 더 밀도 있는 소통을 할 수 있습니다. 문제는 당신의 수첩에 적혀 있는 계획들 속에 그러한 것들이 리스트업 되어 있느냐 하는 것입니다. 진정으로 가치 있는 것이라고 생각된다면 내일부터는 실천할 계획들 속에 그것들을 하나씩 집어넣도록 합시다.

제5장

모든 상황을
자신에게 유리하게
해석하라

불결(不決)이면 불결(不結)이다

"내 형제들아 만일 사람이 믿음이 있노라 하고 행함이 없으면 무슨 이익이 있으리요 그 믿음이 능히 자기를 구원하겠느냐 영혼이 없는 몸이 죽은 것 같이 행함이 없는 믿음은 죽은 것이니라" (야고보서 2:14, 26)

이처럼 성경은 우리에게 실행이 얼마나 중요한가를 기회가 있을 때마다 강조하고 있습니다. 산을 평지로 만들어 옥토로 변화시키는 거창한 비전도 이 순간에 삽을 들지 못하면 아무 결과도 얻지 못합니다.

비전을 향해 한 발짝 내딛는 결단과 행동이 따르지 않는다면 아무 일도 일어나지 않는다는 말입니다. 세상에는 수 없이 많은 거대한 꿈과 비전, 그리고 목표들이 서랍 속에서 혹은 개인의 머리 안에서 잠들고 있다는 사실을 알아야 합니다.

따라서 비전과 목표, 그리고 계획이 설계된 것과 성취되는 것과는 전혀 다른 차원의 문제입니다. 정말 어려운 것은 바로 지금 이 순간부터 비전과 목표를 향하여 몸을 움직이는 것입니다. 실행계획에 따라 목표와 비전을 향하여 전진하는 것입니다.

그런데 그게 그렇게 쉽지가 않습니다. 왜냐하면 비전과 목표와 계획은 논리적으로 만들어지는 것이지만, 행동은 결코 논리로만 되는 것이 아니기 때문입니다. 예를 들어, 흡연이 건강에 좋지 않다는 것은 논리입니다. 그런데 흡연을 중단하지 못한다는 데에 고민이 있습니다. 논리적으로 생각하면 당장 끊어야 하는데 그게 그렇게 안 된다는 것이지요. 운동이 건강에 유익하다는 것을 모르지 않습니다. 그러나 움직이기가 싫어지는 데에 문제가 있는 것입니다. 근원적으로 더듬어 보면 인간의 연약함과 끈질긴 습관에 문제가 있는 것입니다.

"게으른 자여 개미에게로 가서 그 하는 것을 보고 지혜를 얻으라 개미는 두령도 없고 간역자도 없고 주권자도 없으되 먹을 것을 여름 동안에 예비하며 추수 때에 양식을 모으느니라 게으른 자여 네가 어느 때까지 누웠겠느냐 네가 이느 때에 잠이 깨어 일어나겠느냐 좀 더 자자 좀 더 졸자 손을 모으고 좀 더 눕자 하면 네 빈궁이 강도같이 오며 네 곤핍이 군사같이 이르리라" (잠언 6:6-11)

게으름에 대한 경고를 이보다 더 분명하게 표현할 수 있을까 하는 생각이 듭니다.

"불결(不決)이면 불결(不結)!" 결단함이 없으면(不決) 열매도 없다(不結)

는 말입니다.

지상에서 가장 긴 거리는 어디서 어디까지일까? 남극에서 북극? 서울에서 런던? 좀 우스운 표현 같지만 머리에서 발끝까지입니다. 머리의 생각으로는 분명 그 일을 하면 좋을 것 같기는 한데, 막상 움직이려면 그게 그렇게 쉽지 않다는 현상을 두고 하는 얘기입니다.

매일 아침 조깅을 하면 분명히 건강에 도움이 될 것 같은 데, 도대체가 아침만 되면 전날 저녁의 결심을 까맣게 잊어버립니다. 그래서 또 결심하고 또 그렇고 하다가 1년이 지나갑니다. 뿌린 것이 없으니 거둘 것도 없어 매번 허탈합니다. 그 질긴 습관의 고리를 끊어내야 하는 데, 그러려면 반드시 결단(commitment)이 필요합니다.

그렇다면 결단이란 무엇입니까? 단절(끊음)이요, 몰입을 의미합니다. 누구에게나 오랜 세월 동안 자신을 묶어 놓고 꼼짝하지 못하게 하는 습관의 굵은 밧줄들이 많습니다. 음주, 흡연, 도박, 지나친 TV 시청 등 찰나적 편안, 잡담 혹은 가치 없는 모임 등은 마치 우리 자신을 살아 있는 것 같은 착각을 일으키게 하는 것들입니다. 이런 것들은 대체적으로 중요하지도 않으며, 급하지도 않은 영역에 속하는 것들로써 목표에 집중하지 못하게 만드는 마약과 같은 것들일 수 있음을 알아야 합니다.

나의 경우, 참석해야 할 모임인지 아닌지를 판단하는 기준으로 삼는 잣대가 하나 있습니다. 단순히 체면치레로 가야 하는 모임인지, 아니면 내가 생각하고 설계한 가치에 부합되는 모임인지 내면의 소리에 귀를 기울여 봅니다. 나의 가치에 부합하는 모임은 대체로 중요한 모임일 경우가 많습니다. 물론 이런 경우도 여러 가지 정황을 가지고 판단해야 하겠지만 말입니다. 엄격한 판단기준을 적용해야 하는 이유는 단 한 가지입니다. 비전을 성취하기 위해 설정된 목표에 시간을 사용해야 하기 때문입니다.

그래서 바쁜 사람에게 더 큰 일을 맡기는 수가 많습니다. 왜냐하면 바쁘기 때문에 우선순위를 잘 정하게 됩니다. 즉, 상대적으로 더 소중한 것들에 시간과 자원을 쓰는 법을 안다는 의미입니다. 결단하고 행동하면 우리는 매우 편안함을 느낍니다. 그리고 무엇보다 더 중요한 것은 행동함으로써 자신이 누구인지 제대로 인식하게 됩니다. 자신의 정체성이 확인되기 시작합니다. 행동해보지 않으면 머리만 무겁습니다. 매일 아침 조깅한다고 머리 속에서 결심만 하다 보면 나중에는 자기 자신에게 짜증이 나고 머리가 늘 묵직함을 느끼게 됩니다. 그러므로 결단하면 바로 행동하십시오. 무엇이 부족하고 넘치는지 아는 지름길은 무조건 행동해 보는 겁니다. 그 다음은 하나님께 믿고 맡기십시오.

"마음의 경영은 사람에게 있어도 말의 응답은 여호와께로서 나느니라 너의 행사를 여호와께 맡기라 그리하면 너의 경영하는 것이 이루리라" (잠언 16:1, 3)

담배에 얽힌 재미있는 에피소드가 있습니다. 매년 초가 되면 담배를 끊고자 하는 흡연자들이 많이 늘어납니다. 흡연이 건강에 이롭지 않다는 것을 알기 때문입니다. 그래서 1월 1일부터 금연에 돌입합니다.

갑자기 담배 매출이 떨어지면 담배 회사가 긴장할 것 같은 데 그렇지가 않습니다. 왜냐하면 6일부터 담배매출이 정상화되기 때문입니다.

맞는 얘기인지는 모르겠으나 충분히 일리 있는 얘기입니다. 어떤 습관이 새로운 습관으로 완전히 대체되지 않으면 다시 옛 것으로 회귀하기 쉽습니다. 이를 회귀본능이라고 합니다.

〈사이코 사이버네틱스〉의 저자이면서 저명한 성형외과 의사인 맥스웰 몰츠에 의하면, 현재의 습관이 새로운 습관으로 완전히 대체될 때까지 걸리는 기간은 대략 21일 정도라고 합니다. 그러므로 적어도 3주간은 이를 악물고 버텨야 하는 것입니다.

다음은 재미있는 참새 시리즈입니다. 참새 세 마리가 전깃줄에 앉아 즐겁게 얘기를 하고 있는 데, 포수가 나타나 총을 겨눕니다. 그러자 두 마리 참새가 날아 갈 결심을 합니다. 전깃줄에 남아 있는 참새는 몇 마리입니까? 한 마리인가요? 아닙니다. 세 마리입니다. 날아갈 결심만 했지 실제로는 그냥 앉아 있었던 것입니다. 결국은 포수의 총에 맞아 세 마리 모두 죽을지도 모릅니다.

사람들은 대부분 자신들의 삶을 바꾸고 싶어 합니다. 그런데 실제로 행동해야만 삶에 변화가 시작되는데, 몇 년을 지나도 그대로 있을 뿐입니다. 결심만 했지 결단하고 행동하지 않는 사람들의 공통적인 특성입니다.

한 가지 분명한 것은 지금 이 순간 결단하지 않으면 결실이 없다는 사실입니다. 어느 쪽을 선택하시겠습니까? 당신의 현명한 판단을 믿겠습니다.

모든 **상황**을 **자신**에게 **유리**하게 해석하라

"우리가 알거니와 하나님을 사랑하는 자 곧 그 뜻대로 부르심을 입은 자들에게는 모든 것이 합력하여 선을 이루느니라" (로마서 8:28)

마쓰시타 고노스케(松下幸之助)는 일본의 마쓰시타전기(1918년) 창업자입니다. 그는 오늘날 기업인들뿐만 아니라 많은 사람들로부터 존경을 받는 경영자로 널리 회자되고 있습니다. 특별히 그는 '경영의 신(神)' 으로 칭송받는 인물이기도 합니다. 얼마나 경영을 잘 하였으면 그런 칭송을 받을까 정말 궁금합니다. 그가 살아생전에 고백한 다음의 말을 통하여 부족하나마 그의 인물 됨됨이를 가늠할 수 있을 것 같습니다.

"하늘이 나에게 준 세 가지 선물이 있는데, 그 첫째는 가난한 집안에서 태어난 것이요, 둘째는 어렸을 때부터 신체가 허약한 것이요, 그리고 세 번째는 배우지 못한 것이라."

마쓰시타 고노스케가 빛나는 것은 이러한 겸손함 속에 담겨진 탁월함이 아닌가 싶습니다. 실제로 평범한 사람들에게 이 세 가지는 선물이 아니라 저주 같은 것입니다. 고통이요, 슬픔의 근원입니다. 현재 자신의 모든 불행의 씨앗이 여기에서 비롯되었다고 변명을 해도 수긍이 갈 만한 것들입니다.

그러나 우리가 잊지 말아야 할 것이 있습니다. 상황(situation)이란 항상 가치중립적이란 사실입니다. 어떻게 해석하느냐에 따라 유리하게 작용하기도 하고, 불리하게 작용하기도 한다는 의미입니다. 따라서 해석하는 방법이 필요합니다.

그의 해석을 통해서 오늘날 우리 자신이 처한 상황을 바라보는 시각이 변화되길 원합니다.

첫째 것에 대해서 그는 "가난한 집안에서 태어났기 때문에 어렸을 때부터 스스로 생계를 유지하기 위해 장사를 하지 않으면 안 되었는데, 그 과정에서 고객을 만족시키는 법을 배우게 되어 오늘날 기업을 경영하는 데 큰 도움이 되고 있다." 는 것입니다.

둘째 것에 대해서는 "어렸을 때부터 허약했기 때문에 건강의 중요성을 알고 꾸준히 운동을 하고 관리하여 오랫 동안 건강하게 살 수 있었다." 고 고백하고 있습니다. 실제로 그는 1894년 11월에 태어나 1989년 4월에 사망하였는데, 95세를 산 셈입니다. 그 당시 태어난 사람으로서는 대단한 장수의 복을 누린 것입니다.

세 번째에 대해서는 "배우지 못하였기 때문에 다른 사람의 말에 귀를 기울일 줄 아는 겸손한 자세를 가질 수 있었다." 라고 합니다.

그렇습니다. 어쩌면 많이 배워 지식이 많은 것이 무조건 좋아 보이지만 오히려 그것이 사람을 교만하게 하고 독선에 빠져 나 이외의 다른 사람들의 말을 경청하지 못하도록 하는 약점이 될 수 있습니다.

이처럼 사람의 능력은 상황을 어떻게 해석하느냐에 따라 대응적인 사람이 있는가 하면 주도적인 사람이 있습니다. 마쓰시타 고노스케는 분명 주도적인 사람입니다. 그리고 상황을 자신에게 유리하게 해석할 줄 아는 긍정적인 사람입니다.

다음 그림을 보십시오. 자극과 반응은 서로 밀착되어 있는 것이 아니라 공간 상태로써 서로 떨어져 있음에 주목하십시오. 우리가 자극(상황)을 선택할 수는 없지만 반응은 선택할 수 있다는 사실이야말로 놀라운 발견입니다. 그런 작용을 하도록 하는 것이 바로 인간만이 고유하게 가지고 있는 태도(attitude)라는 것입니다. 즉, 태도만이 인간이 가지고 있는 마지막 하나의 자유임을 알고 감사해야 합니다. 20세기의 가장 큰 발견이 바로 이것이라고 하는 이도 있습니다. 즉, "사람은 그 태도에 따라 인생을 바꿀 수 있다"는 것이지요. 정말 대단한 발견입니다.

같은 자극(상황)에 노출되더라도 태도에 따라 대응적인 사람과 주도적인 사람의 반응은 천양지차입니다. 예를 들어, 운전 중에 누가 끼어

들었다고 합시다(자극, 상황). 이때 대응적인 사람은 즉각적으로 반응합니다. "나쁜 자식, 고약한 놈…" 등 여러 모양으로 분노를 표출합니다. 그런데 다른 사람에 대해 좋지 않은 반응을 보이는 순간 가장 먼저 상처를 입는 사람은 바로 자신이라는 사실을 명심해야 합니다. 그러므로 즉각적인 분노는 무조건 안 좋은 것입니다.

  주도적인 사람은 좀 다른 반응을 보입니다. 위의 그림에서 보듯이 즉각적으로 반응하기 전에 한 템포를 쉽니다(멈춘다). 그리고 순간적으로 생각합니다. "왜 저 사람이 끼어들려고 할까? 나보다 훨씬 바쁜 지도 모르지(생각한다)!" 그 다음에 그는 좀 속도를 늦추고 천천히 진행하면서 앞 차와 나의 차 사이에 충분한 공간을 만들어줌으로써 상대를 배려하게 됩니다(선택한다).

  길게 설명했지만 실제로 우리 두뇌는 아주 빠른 속도로 의사결정을 지원하기 때문에 매우 짧은 시간에 행동으로 나타나게 됩니다.

  이런 원리를 적용하면 우리에게 불리하게 작용할 상황이란 존재하지 않을 것입니다. 모든 것이 합력하여 선을 이루어 가시는 하나님을 믿는 우리들이야말로 그만큼 유리한 고지를 차지하고 있다고 생각해야 할 것입니다.

  상황을 긍정적으로 해석하는 것은 바로 하나님의 방식입니다. 민수기 13장은 이스라엘 백성들이 출애굽하여 가나안 땅으로 들어가는 과정에서 모세가 가나안에 정탐을 보내고 보고를 받는 장면을 기록하고 있습니다. 마치 사업을 하고자 하는 사람이 사전에 시장조사를 해야 하는 것과 같은 이치입니다.

"그 땅의 어떠함을 탐지하라 곧 그 땅 거민의 강약과 다소와 그들이 거하는 땅의 호불호와 거하는 성읍이 진영인지 산성인지와 토지의 후박과 수목의 유무니라 담대하라 또 그 땅 실과를 가져오라 하니 그 때는 포도가 처음 익을 즈음이었더라" (민수기 13:18-20)

그런데 정탐을 마치고 돌아온 정탐꾼들의 반응은 전혀 다릅니다.

"갈렙이 모세 앞에서 백성을 안돈시켜 가로되 우리가 곧 올라가서 그 땅을 취하자 능히 이기리라 하나 그와 함께 올라갔던 사람들은 가로되 우리는 능히 올라가서 그 백성을 치지 못하리라 그들은 우리보다 강하니라 하고" (민수기 13:30-31)

우리로 하여금 앞으로 나아가지 못하게 하는 요인이 여기에 있습니다. 바로 두려움입니다. 그래서 하나님께서는 당신의 자녀들에게 "두려워 말라. 담대하라"를 수 없이 반복함으로써 우리를 행동하도록 용기를 줍니다. 성경에는 무려 365회나 "두려워하지 말라"고 언급하고 있습니다.

"두려워 말라 내가 너와 함께 함이니라 놀라지 말라 나는 네 하나님이 됨이니라 내가 너를 굳세게 하리라 참으로 너를 도와주리라 참으로 나의 의로운 오른손으로 너를 붙들리라" (이사야 41:10)

할 수 없다고 생각하는 것도 믿음이요, 할 수 있다고 생각하는 것도 믿음입니다. 우리는 어느 쪽을 선택해야 할까요? 부정적인 생각은 부정적인 말과 부정적인 행동을 증폭시키지만, 긍정적인 생각은 역시 그러한 말과 행동을 낳습니다.

지금 자신이 처한 상황은 어떻습니까? 그 상황이 어떠하든 한 번 해석해 보십시오. 그리고 유리하게 해석이 되는대로 행동하시기 바랍니다.

"형통한 날에는 기뻐하고 곤고한 날에는 생각하라 하나님이 이 두 가지를 병행하사 사람으로 그 장래 일을 능히 헤아려 알지 못하게 하셨느니라" (전도서 7:14)

다음의 사항들을 가정하여 보고 각각의 경우에 대해 유리하게 해석해 보십시오.

여건과 상황	유리하게 해석하기
지갑을 분실하였다.	
감기가 들어 고생을 한다.	
직장 상사와 사이가 좋지 않다.	
길이 막혀 지각을 할 것 같다.	

자신의 가치를 최고로 인정하라

"오직 너희는 택하신 족속이요 왕 같은 제사장들이요 거룩한 나라요 그의 소유된 백성이니 이는 너희를 어두운데서 불러내어 그의 기이한 빛에 들어가게 하신 자의 아름다운 덕을 선전하게 하려 하심이라"
(베드로전서 2:9)

자기 자신을 스스로 칭찬한다는 것은 어쩌면 쑥스러워 보이는 일입니다. 남 앞에서 자신을 자랑하고 칭찬하는 것은 교만해 보일 수 있지만 스스로에게 그렇게 하는 것은 자신감과 자부심을 가지고자 하는 노력의 하나라고 보아야 합니다.

소프라노 조수미 씨는 무대에 설 때마다 자기 자신에게 '내가 항상 최고'라고 생각한다는 고백을 들은 적이 있습니다. 그 확신이 없으면 청중을 감동시키지 못한다는 것입니다. 우리 각자에게도 그런 마음의 자세로 자신의 일에 임하는 것이 좋지 않을까요?

자기 스스로에게 이러한 칭찬을 하고 있는 사람이 과연 얼마나 될까 궁금해집니다. 그러나 분명한 것은 우리 모두가 그런 자세를 가질 필요가 있다는 것입니다. 자기가 하는 일, 혹은 분야에 대해 자기가 최고라고 생각하면서 일을 하는 사람과 그렇지 않은 사람과의 업무성과는 크게 차이가 날 수밖에 없을 것입니다.

프로의 근성과 아마추어의 근성의 차이란 바로 일을 대하는 태도에서 비롯됩니다. 오늘날의 세상은 우리에게 아마추어 정신을 요구하고 있지 않습니다. 모두가 특별한 존재가 되기를 원합니다. 외관상 평범한 일로 보이는 일도 특별한 방법으로 처리하기를 원하고 있다는 말입니다.

이런 차원에서 보면 조수미나 박세리 혹은 박찬호 같은 사람만 프로라고 생각할 필요는 없습니다. 가르치는 선생도, 주부도, 학생도, 구멍가게를 하는 사람도 얼마든지 프로의 근성으로 무장하면 특별해질 수 있다고 생각해야 합니다.

우리는 모두 그렇게 창조된 것 아닌가요? '택하신 족속, 왕 같은 제사장'은 바로 그런 의미로 보입니다. 무슨 일을 하든 주눅 들어 하지 말라는 말입니다. 자장면 배달원이면 어떻습니까? 붕어빵을 만드는 일이면 또 어떻습니까? 문제는 현재 하고 있는 일에 자긍심과 자신감을 가지고 특별한 방법으로 그 일을 수행할 마음가짐으로 무장되어 있느냐 하는 것입니다.

그렇다면 먼저 다음의 말들이 마음속에 깊이 새겨져 수시로 사용될 수 있어야 합니다.

"나는 괜찮은 사람이다."

"나는 잠재적 능력이 무한하다."

"나는 할 일이 많다."

"나는 건강하다."

"나는 승리자다."

"나는 행복하다."

나를 좋아하는 데 특별한 조건은 필요 없습니다. 존재, 그 자체가 좋은 것입니다. 마음껏 자신을 칭찬해 보십시오. 자신을 최고라고 칭찬해 보십시오. 행동하는 것 자체보다 더 중요한 것은 어떤 마음을 가지고 행동하는가 하는 것입니다. 자신을 채찍질하되 최고로 치켜세워 주면서 하는 것이 좋습니다. 매일 아침 일어나면서 큰 소리로 외쳐 보십시오.

나를 더욱 격려할 수 있는 말이 있으면 더 좋게 만들어 사용해도 상관없습니다. 앞의 방법은 우리에게도 잘 알려진 세계 최고의 동기부여 전문가인 브라이언 트레이시(Brian Tracy)가 습관적으로 활용하는 방법이기도 합니다.

그는 어려움에 봉착할 때마다, 문제에 직면할 때마다 "I like myself"를 외치면서 스스로에게 동기를 부여하곤 합니다. 그는 그런 자신의 행위를 태도(attitude)에 펌프질을 한다는 말로 표현하는데, 태도라는 마음의 풍선에 긍정적인 산소를 주입하는 것과 같은 이치입니다. 왜냐하면, 태도란 마치 팽팽한 풍선이 며칠 지나면 바람이 빠져 쭈글쭈글해지는 것과 같은 특성이 있습니다. 지금은 의욕과 열정으로 가득 차 있는 듯 하지만 조금만 어려움이 오면 쉽게 식어지고 좌절하는 경우를 두고 하는 말입니다. 그래서 정기적으로 배터리에 충전하듯이 펌프질을 해야만 합니다. 그래야 힘이 납니다. 그래서 다시 도전하고, 또 도전하는 것입니다.

현재의 좋지 않은 습관을 유지하면서도 쉽게 달성할 수 있는 비전이나 목표는 결코 가치있는 비전이나 목표가 아닙니다. 무엇보다 자신을 먼저 칭찬하고, 사랑하는 법을 배우시기 바랍니다.

나의 달려갈 길을 위하여

"나의 달려갈 길과 주 예수께 받은 사명 곧 하나님의 은혜의 복음 증거하는 일을 마치려 함에는 나의 생명을 조금도 귀한 것으로 여기지 아니하노라" (사도행전 20:24)

"푯대를 향하여 그리스도 예수 안에서 하나님이 위에서 부르신 부름의 상을 위하여 좇아가노라" (빌립보서 3:14)

경주마는 옆을 가리고 뛰게 합니다. 앞만 보고 달리라는 주문입니다. 오로지 설정된 목표지점을 향하여 전력 질주하라는 명령입니다. 목표만을 바라보면서 뛰는 경주마는 옆의 동료 말이 달리는 것을 힐긋힐긋 쳐다볼 여유가 없습니다. 그가 쳐다봐야 하는 것은 골인지점에 세워져 있는 깃발뿐입니다.

우리도 다를 바가 없습니다. 세워 놓은 목표가 분명하여 그 곳을 향해 전심전력을 다 할 때는 장애물도, 옆에서 무슨 일이 일어나는지도 잘 보이지 않는 법입니다. 중요한 시험을 앞두고 열심히 준비하는 학생에게는 오로지 자신이 얻게 될 성적만이 보일 뿐입니다. 그러나 목표에서 눈을 떼는 순간 앞뒤 좌우에 수많은 장애물이 보이기 시작하고 두려움에 휩싸이게 됩니다. 쓸데없는 의심이 생기고 주변에 화려한 것들을 제대로 누리지 못할 것이 아닌가 하는 미련이 생기기 시작합니다.

- 도로일주 사이클 선수
- 생존율 50%도 안 되는 고환암 말기 환자이면서 뇌수술 받음
- 2005년 투르 드 프랑스 사이클 대회 우승 (7연패 위업 달성)
- 그의 이름은 랜스 암스트롱

삶의 끝을 보는 인생에게 과연 두려울 것이 있을까? 정말 멋진 인생입니다. 죽는 법을 아는 사람만이 사는 법을 배우게 됩니다. 해발 2,000m가 넘는 알프스 산맥과 피레네 산맥을 오르내릴 때도 그는 발을 멈추지 않았고, 폭풍도 탈수증세도 40℃에 육박하는 더위도 그에게는 장애물이 아니었습니다.

신약성경 빌립보서 3:14에서 사도바울이 우리에게 주는 메시지는 우리의 마음과 행동의 초점이 어디를 향해야 하는지를 잘 대변해 주고 있습니다. 오로지 푯대를 향하여 달려가는 정신!

가치 있는 일에 헌신과 몰두하는 인생은 정말 아름다운 인생입니다. 당신이 달려갈 길은 분명히 정해져 있습니까?

목표를 향해 가야겠다는 생각이 들면 모든 것을 단순화시켜야 합니다. 물리적인 주변 환경뿐만 아니라 자신의 주변을 둘러싸고 있는 번잡한 인간관계들도 정리해야 하며, 생각도 단순화시켜야만 합니다.

"Simple is Best!"

단순한 것이 최선이란 말입니다. 복잡한 것이 첨단이고 좋은 것 같지만 실제로 우리에게 유용한 것들을 보면 대부분 단순한 것들입니다. 복잡한 관계는 주의를 분산시킬 뿐만 아니라 에너지 집중을 방해하는 원인이 되는 경우가 많습니다.

성공한 사람들일수록 단순무식하다는 말은 대단히 일리가 있는 말입니다. 방향이 설정되는 데는 오래 생각하는 시간이 걸릴지 모르지만 일단 정해지면 돌진하는 것이 상책입니다. 앞뒤 재고, 좌우를 계속 돌아보면서 전진하는 것은 결코 성공자의 모습이 아닙니다.

과거 박사학위 논문을 준비할 때의 과정이 떠오릅니다. 직장과 올바른 학업을 병행한다는 것은 실제로 쉬운 과정은 아닙니다. 어쨌든 유종의 미를 거둬야 하는 데 도무지 학위논문을 쓸 시간적 여유가 나질 않았습니다. 그 동안 틈틈이 자료를 모아 두기는 했지만 정리가 전혀 안 되고 있는 상황이라 마음만 조급했습니다.

그러다 어느 순간 이제는 끝장을 내야겠다는 결심이 섰습니다. 그렇지만 시간이 문제입니다. 한 가지 지혜를 짜낸 것이 연차휴가를 추석연휴에 맞추어서 내기로 결단을 했습니다. 한 열흘 정도 천금 같은 시간이 만들어졌습니다. 열흘 동안 모든 관계를 단절하고 생활을 단순화시켰습니다. 집중에 집중을 거듭했습니다. 드디어 논문의 초안이 잡히고 그것이 기반이 되어 다음 해 무사히 졸업할 수 있었습니다.

폿대를 향하여 깃발만을 바라보면서 가는 정신! 그것이 우리가 지녀야 할 자세입니다. 거기에는 실패나 좌절을 두려워하거나 안 될 것이라는 부정적인 생각이 끼어들 틈이 없습니다.

"성공을 가속화시키는 방법은 실패율을 두 배로 높이는 것이다." IBM의 창업자 토마스 왓슨의 말입니다.

세상에 두려움이 없는 사람이란 없습니다. 할 수만 있다면 두려움에서 벗어나고 싶어 합니다. 그래서 흔히 택하는 방법이 '회피' 입니다. 아예 두려움의 대상에 대해 생각을 하지 않는 것입니다. 미래에 자신에게 닥칠 것들을 생각하면 골치가 아프기 때문입니다. 그렇지만 두려움은 피한다고 없어지는 것이 아닙니다. 먼저 그 실체를 알고 적극적으로 맞서야만 하는 대상입니다.

두려움이 무엇인가에 대해 다음과 같이 규정을 짓는 사람이 있습니다. FEAR(두려움)의 철자에서 그 의미를 조망한 것입니다. 그럴 듯해 보입니다.

F (False : 거짓의)

E (Evidence : 증거)

A (Appearing : ~처럼 보이는)

R (Reality : 실체, 현실)

해석해 보면 두려움이란 '실체(현실)처럼 보이는 거짓 증거' 라는 겁니다. 그렇습니다. 두려움이란 원래 없는 것인데, 마치 있는 것처럼 여기는 데서 생기는 현상입니다.

또한 목표에 도달하려면 결코 중간에 포기해서는 안 됩니다. 끝까지 해내는 자세가 필요합니다. 좌절하지 마십시오. 열쇠꾸러미의 마지막 열쇠가 굳게 잠긴 자물통을 엽니다. 만 번 이상의 실험 끝에 전구를 발명한 토마스 에디슨이 이를 두고 만 번 이상 실패한 것이 아니라 만 번 이상 안 되는 방법을 발견했을 뿐이라는 말은 우리에게 커다란 동기부여가 됩니다. 실패는 없습니다. 오로지 피드백만 있을 뿐입니다.

실수나 실패가 두려워 뭔가 시도하는 데 주저하거나 그냥 정지해 있습니까? 그렇다면 당신 역시 한 달란트를 받고 그냥 묻어둔 '그 하인'과 다를 바 없는 인생입니다. 비록 현실의 어려움이 있고, 혹시 진행하다가 잘못될지도 모르지만 오로지 목표에 초점을 맞추고 행동하십시오.

포기하지 마라 : TEFCAS

"내가 이미 얻었다 함도 아니요 온전히 이루었다 함도 아니라 오직 내가 예수께 잡힌바 된 그것을 잡으려고 좇아가노라" (빌립보서 3:12)

여기까지 오신 당신의 끈기를 진심으로 환영합니다. 이제 이 책을 마무리할 때가 되었습니다. 마지막으로 어떻게 하면 당신이 애써 설계하신 비전과 목표를 성공적으로 이룰 수 있을까 하는 원리를 설명 드리는 것으로 저의 역할을 마치도록 하겠습니다.

자, 멋진 비전 그리고 목표가 정해졌습니까? 그것을 실제적으로 성취하기 위한 실행계획도 완벽하게 세워졌겠지요? 그것이 어떤 분야에서 전문가가 되기 위한 자격증일 수도 있겠고, 혹은 배우고 싶은 스포츠, 아니면 악기, 원하는 수준의 외국어 능력일 수도 있을 것입니다.

실행계획을 세웠다면 준비는 완벽하다고 할 수 있겠습니다. 색소폰

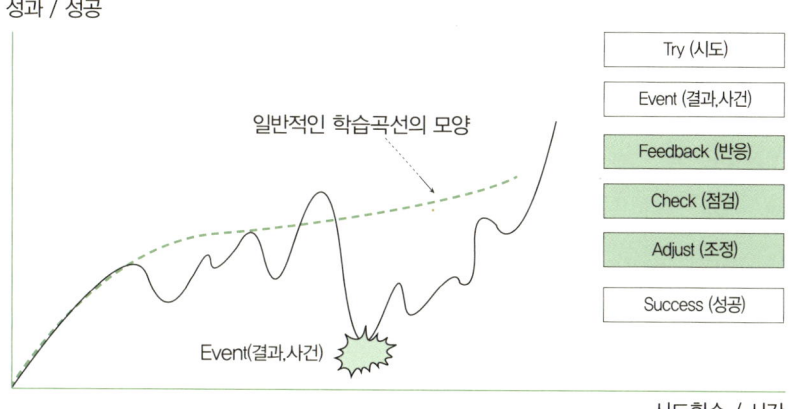

을 배우는 것이라면 레슨을 받는 데 필요한 학원 등록은 되어 있습니까? 악기는 구매하셨습니까? 기타 필요한 도구나 자료는 준비되어 있습니까? 이제 성공을 향하여 진군을 시작합니다(Try).

하루 이틀 사흘… 날이 갈수록 당신의 실력이 눈에 띄게 진보하는 것을 확인할 수 있을 것입니다. 처음에는 악보가 뭔지도 모르고, 손가락이 아프고, 원하는 소리를 내지도 못했는데 말입니다. 기분이 좋습니다.

그런데 이를 어쩌나! 어느 순간부터 좀 더 수준 높은 기술을 익혀야 하는데 이게 마음먹은 만큼 안 되기 시작합니다. 외국어 능력시험에 비유하자면 이전에 본 시험 점수에 한참이나 못 미치게 나왔습니다(Event).

이제부터가 문제입니다. 자신의 한계를 인정하고 '여기서 포기하느냐 아니면 계속하느냐' 고민이 시작됩니다. 이런 현상을 가리켜 심리적 슬럼프 상태에 빠졌다고 합니다. 이때 우리의 능력이 실력을 발휘해야 합니다. 어떻게요? 상황을 유리하게 해석하는 긍정의 힘을 이용해야 하겠지요. 어떻게 해석하는 것이 좋을까요?

"개구리도 멀리 뛰려면 몸을 움츠린다고 하잖아! 나도 멀리 뛰기 위해 지금 잠시 움츠리는 중이겠지? 많은 사람들이 그래서 이때 포기하는구나."

"무릇 지킬 만한 것보다 더욱 네 마음을 지키라 생명의 근원이 이에서 남이니라" (잠언 4:23)

자포자기의 심정이 되는 경우를 경고하는 메시지입니다. 마음이 무너지면 모든 것이 무너집니다. 크든 작든 실패했을 때 마음을 다스리지 못하여 자신의 몸을 마음대로 굴리는 경우를 많이 봅니다. 악기를 내팽개친다든가 배우던 책을 구석에 처박아 넣는 행위, 또는 테니스 라켓을 꺾어버리는 행위일 수도 있습니다.

그러나 이런 행위들은 당신의 분을 일시적으로 삭이는데 도움이 될 수 있을지는 모르지만 학습하는 데는 가장 좋지 않은 태도임을 인정해야 합니다.

모든 시도에는 반드시 성과를 수반한 결과가 있습니다(Feedback).

그게 원하는 수준일 수도 있지만, 그렇지 않을 수도 있습니다. 결과가 어떻게 나왔든 결과를 그대로 인정하는 자세를 갖는 것이 중요합니다. 공부를 잘하는 학생과 그렇지 않은 학생의 차이는 피드백의 유무에 달려 있다고 해도 과언이 아닙니다.

피드백이 있는 학생은 반드시 시험이 끝난 후 평가하는 과정을 거칩니다(Check).

틀린 문제를 다시 본다는 것은 쉬운 일이 아닙니다. 그래서 많은 학생들은 시험이 끝나자마자 시험지를 없애버립니다. 괴로우니까 그렇겠지요. 그러나 공부를 잘 하는 학생은 틀린 문제를 하나하나 점검하면서 오답 노트를 만듭니다. 인간은 똑같은 실수를 하지 않을 것 같지만 천만의 말씀입니다. 항상 같은 실수를 반복하며 산다는 사실을 명심하십시오. 그래서 Check(점검)의 자세는 매우 소중한 것입니다.

섹소폰을 배우는 경우, 전문가로부터 손가락의 각도, 입술의 모양, 자세 등에 대해 수시로 점검을 받는 일을 즐겁게 수행해야 합니다.

"자기 마음을 제어하지 아니하는 자는 성읍이 무너지고 성벽이 없는 것 같으니라" (잠언 25:28)

훌륭한 학습자는 점검받은 내용을 토대로 바로 적용(Adjust)해 봅니다.

잘못된 자세가 굳어지기 전에 전문가로부터 교정을 받음으로써 학습기간을 단축시킬 수 있음을 제대로 인식하는 것은 매우 중요한 일입니다. 모든 일에는 학습하는 데 필요한 프로세스와 원칙이 있습니다. 처음 배우는 사람들이 범하기 쉬운 함정 중 하나가 있습니다. 조급함입니다. 왠지 자신의 방법으로 하는 것이 빠른 길인 것처럼 착각하여 그걸 고수하다가 결과적으로 일의 진행 속도가 늦어지는 경우를 종종 봅니다.

바둑에는 정석(定石)이라는 것이 있습니다. 배우는 데에는 시간이 좀 걸리지만 일단 배우고 나면 돌을 놓는 것 자체가 정석이 됩니다. 마음대로 두는 바둑은 초기에는 속도가 나는 것 같지만 어느 정도 수준 이상이 되기 어려운 이유가 바로 여기에 있습니다.

모든 학습의 기본은 이미 정해진 프로세스를 따라 'Feedback(반응) → Check(점검) → Adjust(조정)'의 과정을 반복하는 가운데 원하는 수준에 도달하게 됩니다(Success).

'천재는 1%의 영감과 99%의 노력의 산물'이라는 에디슨의 말을 상기해 보십시오. 여러분은 어디에 초점을 두고 이 메시지를 이해하고 있습니까? 1%의 영감입니까, 아니면 99%의 노력입니까? 왜 10%가 아니고 하필 1%라고 표현했다고 생각하십니까? 1%의 남다른 영감이 필요하다는 말이겠지요. 그게 없다면 99%의 노력도 아무 의미가 없지 않겠습니까?

일시적인 실패를 실패로 보지 아니하고 나에게 더 큰 기회(chance)가 될 수 있는 학습(learning)의 순간이라는 생각은 분명 1%의 영감일 것으로 믿습니다. 그 1%를 가지고 99%의 노력을 기울이는 여러분 되시길 바랍니다.

"사람이 감당할 시험 밖에는 너희에게 당한 것이 없나니 오직 하나님은 미쁘사 너희가 감당치 못할 시험당함을 허락지 아니 하시고 시험

당할 즈음에 피할 길을 내사 너희로 능히 감당하게 하시느니라" (고린도전서 10:13)

일시적으로 나타나는 학습곡선의 모양에 일희일비할 필요가 없습니다. 길게 보면 마치 주가(株價)의 변화곡선이 우측 상향을 향하듯 우리의 학습곡선도 우상향하고 있음을 확인하는 날이 반드시 옵니다.

여러분 모두에게 행운이 있기를 기원합니다.

꿈을 이루는 사람의 아침

초판 1쇄 발행 2010년 11월 30일

지은이	김호영
펴낸이	박영발
펴낸곳	W미디어
등록	제2005-000030호
주소	서울 양천구 목동 907 현대월드타워 1905호
전화	02) 6678-0708
팩스	02) 6678-0309
e메일	wmedia@naver.com

ISBN 978-89-91761-42-1 03200

값 10,000원